KB040617

저는 남자고,
페미니스트입니다

저는 남자고, 페미니스트입니다

최승범 지음

남자가 무슨 페미니스트야?

스물한 살이었다. 페미니즘 학회에서 공부하는 남자 후배에게 물었다.

"남자가 왜 페미니즘을 공부해?"

내 질문에 싱긋 웃으며 대답하던 그의 표정, 목소리, 주변 풍경이 아직도 눈에 선하다. 충격이었다.

"남자니까 잘 모르잖아요, 배워야죠."

서른다섯의 내게 다른 남자들이 묻는다.

"남자가 무슨 페미니스트야? 남자가 왜 여자 편을 들어?" 페미니즘을 알거나 공부해본 사람들도 조심스럽게 묻는다. "남자는 페미니스트로서 한계가 있지 않을까요?"

출판을 처음 제안받았을 때, 나도 비슷한 말을 했다. "제가요? 남자가 무슨 페미니즘 책을 내요?"

어릴 때 행복하지 않았다. 종이로 인형 옷 만드는 걸 좋아했지만 '계집애처럼' 논다고 어른들에게 혼나기가 일쑤였다. 공기놀이와 고무줄놀이가 재미있었는데 친구들이 놀려서 계속할 엄두를 못 냈다. 툭하면 눈물이 났는데 남자는 평생 세 번 운다는 말에 껄껄대며 울음을 참았다. 남자가 말이 많다고 핀잔을 들었고, 사내자식이 집에서 책만 본다고 걱정을 샀다. 여자애들이 부럽기도 했지만, 나는 적극적으로 '남자 되기'를 노력했다. 운동장에 나가 축구를 하고, 친구들과 야한 비디오를 보고, 몇 번의 싸움을 하고, 걸걸하게 욕도 날렸다. 또래 집단에서 인정받는 느낌은 달콤했다.

어른이 되어서도 비슷한 상황이 계속됐다. 어딜 가도 군대 문화와 폭력, 음담패설이 빠지지 않았다. 대학에서는 남자 선배들을 따라, 임용된 학교에서는 남자 교사들을 따라 여기저기 술자리에 자주 끌려다녔다. 만취하지 않고서는 진술한 대화가, 허심탄회한 관계가 불가능하다고 생각하는 사람들. 그들은 보통 초면에 나이를 묻고 형-동생, 선배-후배의 위계를 정립한 다음에야 흉금을 터놓고 상대를 대했다. 윗사람을 만나면 입과 손발이 바빴고, 아랫사람을 만나면 지갑이 분주했다. 여성의 삶도 기구하다 생각했지만 결국 저렇게 되는 남성의 삶도 이상했다. 남자들은 왜 그럴까, 늘 궁금했다.

페미니즘을 만나면서 조금씩 의문이 풀렸다. 제국 남성에게 훼손된 자존심을 여성 착취로 회복하는 식민지 남성성을 공부하고 나니 강자에게 약하고 약자에게 강한 '아재'들이 이해됐다. 다른 남자에게 인정받아야 비로소 '진짜 남자'가 되는 호모소셜Homosocial은 남자들이 '남부끄럽지 않은' 외모의 연인을 만나려고 버둥거리는 이유를 알게 했다. 가족 전체를 한 명의 남성 노동자가 부양하는 남성 생계 부양자 모델을 알고 나니 평생을 희생하고도 은퇴하니 왕따라는 너스레의 이면이 보였다. 폭력과 효율로 요약되는 군대 문화가 한국의 고속 성장을 추동했다는 설명은 '군대 쪽으로는 오줌도 안 누지만 군대를 다녀와야 사람이 된다'는 말의 모순을 수긍하게 했다. 남성성에 품었던 의문들을 페미니즘이 해결해줬고, 그 덕에 내 모습을 온전히 마주할 수 있었다. 페미니즘은 남성의 삶과도 맞닿아 있으며 여성만큼이나 남성을 자유롭게 해줄 수 있다.

나는 남자고등학교 교사다. 내 일터의 반경 200미터 안에는 곧 남성호르몬으로 폭발할 것 같은 완연한 '수컷' 800명이 서식한다. 교실에서는 온갖 육두문자와 힘자랑이 오가지만 그 안에 악의는 없다. 왜 그러냐고 물어보면 "그냥요"라는 답이 제일 많고 "재미있잖아요" "세 보여서요"가 뒤를 따른다. 일생을 통틀어 성욕이 가장 충만한 시기라더니, 아무 맥락 없이 대뜸 "섹스!"를 외치는 녀석들도 있다. 지극히 자연스러운 욕망이지만 저런 방식으로 터져 나오는 건 안타깝다. 아직도 많은 교실에 '10분 더 공부하면 마누라 얼굴이 바뀐다'처럼 여성을 성취의 보상으로 여기는 급훈이 걸려 있다. 이래도 괜찮은 걸까.

지금의 고등학생들은 4차 산업혁명 시대를 살아 갈 신新인류라지만 남학생들이 남성성을 드러내는 방 식은 '아재'나 '할배'와 다를 게 없다. 다른 남자를 폭 력적으로 대하거나 다른 여자를 성적으로 대상화하 거나, 둘 중 하나다. 교실에서는 어디서 배웠는지 모 를 상스러운 단어, '따먹다'가 수시로 귀에 꽂힌다. 아 이들은 남성성의 본질이 거친 행동과 저속한 말에 있 는 양 '수컷다움'을 경쟁적으로 전시한다. 그 안에서 과거의 나처럼 내향적인 남학생, 말 많은 남학생, 눈물 많은 남학생은 비정상적인 남자로 취급된다.

남자는 돈, 여자는 외모라는 기성세대의 잘못된 가치관은 십대에게도 널리 퍼져 있다. 데이트 비용은 남자가 내고, 여자는 애교가 많아야 한다고 생각하는 친구들이 아직도 부지기수다. 그러나 이는 아이들의 잘못이 아니다. 교육부가 2년 동안 6억 원을 쏟아부어 만들고 2015년 3월에 배포한 〈국가 수준의 학교 성교육 표준안〉에는 "데이트 비용을 많이 사용하게 되는 남성 입장에서는 여성에게 그에 상응하는 보답을 원하기 마련이다. 이 과정에서 원치 않는 데이트 성폭력이 발생할 수도 있다"는 망언이 담겨 있다. 성평등 감수성을 길러주기는커녕 성폭력과 성역할에 대한 왜곡된 통념을 조장하는 지침서다. 우리 아이들은 딱 저 정도 수준인 기성세대의 인권의식을 그대로 배웠을 뿐이다.

게임 속 남전사들은 커다란 갑옷을 입고 용맹하게 싸우지만, 여전사들은 가슴이 반쯤은 드러난 복장으로 남전사를 치유한다. 십대 청소년 네 명 중 한 명이 1인 방송을 본다는데* 많은 BJ들이 여성을 성욕의 배출구 정도로 묘사한다. "한 번도 못 해보고 죽으면 억울하니까 전쟁 나면 ○○여고부터 쳐들어간다"라는 아이들의 말은 이런 복합적 환경의 소산이다. 그러니

* 한국언론진흥재단이 2017년 1월 3일 발표한 〈2016 십대 청소년 미디어 이용조사〉에 따르면 십대 청소년의 1인 방송 이용률은 26.7퍼센트다.

이런 환경을 만든, 성에 대한 그릇된 인식을 물려준 우리를 반성해야 한다. 우리 자신부터 다시, 다르게 보려고 노력해야 한다.

2017년은 페미니즘의 해였다. 50만 부가 넘게 팔렸다는 《82년생 김지영》을 필두로 페미니즘 도서가 무수히 찍히고 읽혔다. 서점에서는 1년 내내 페미니즘이 사회과학 분야 상위권을 점유하는 진풍경이 펼쳐졌다. 방송에서는 〈까칠남녀〉 〈뜨거운 사이다〉 〈바디 액츄얼리〉처럼 페미니즘을 정면으로 다루는 교양과 예능 프로그램이 생겨났고, 〈차이나는 클라스〉 〈말하는 대로〉와 같은 일반 시사·교양 프로그램에서도 페미니즘의 주요 이론과 현안을 상당한 비중으로 소개했다. 온라인에서 일어난 '#○○계_내_성폭력' 해시태그 운동은 은폐되어 있던 각계의 부조리와 모순을 폭로했다. 디지털 성폭력에 맞서 '소라넷'을 폐쇄했고 그간 쉬쉬했던 생리대와 낙태죄 문제를 공론장에 올렸다.

한국만의 현상이 아니었다. 미국에서는 성범죄를 고발하는 '미투(#MeToo, 나도 말한다)' 운동이 활발히 벌어졌다. 유명 배우를 비롯해 영화 제작자, 기업 최고경영자, 동료 국회의원에게 성추행을 당했다는 고백들이 잇따랐다. 여성들의 용기 있는 연대가 연예계, 예술계, 정치계, 경제계로 퍼져나가며 온 나라를 한바탕 뒤집었다. 미국의 주간지 〈타임〉은 이 운동에 동참한 '침묵을 깬 사람들The Silence Breakers'을 2017년의 인물로 꼽았고, 수많은 사람들의 검색에 힘입어 미국의 온라인 사전을 출판하는 메리엄-웹스터Merriam-Webster는 2017년의 단어로 페미니즘을 선정했다.

세상이 달라지고 있다. 페미니즘은 더 많은 사람에게 보편 인권을 보장해온 역사의 물줄기에 올라타 있다. 눈 가리고 아웅 하는 식으로 막거나 외면할 수 있는 종류의 것이 아니다. '김치녀'가 되지 않으려고 스스로를 단속했던 여성들이 이제 그것을 거부하고 있는데, 남성들은 '한남충'이 되지 않기 위해 여전히 여성을 단속하려 든다.

남자들에게 제안한다. 목소리를 내는 여성을 억압할 시간에 자신을 돌아보고 페미니즘을 공부하자. 시대를 읽지 못해 도태되지 말자. 함께 페미니스트가 되자. 잃을 것은 맨박스*요, 얻을 것은 온 세계다.

●   《맨박스》의 저자 토니 포터가 남자를 둘러싼 고정관념의 틀을 가리켜 사용한 표현이다.

2장 페미니즘 공부하는 남자

3장 선생님, 혹시 주말에 강남역 다녀오셨어요?

4장 800명의 남학생과 함께

5장 혐오와 싸우는 법

에필로그

1장 어머니와 아들

우리 집이 이상하다

열 살 즈음이었던 것 같다. 우리 집이 이상하다고 느낀 건. 어머니는 지역에서 잘나가는 보험설계사였다. 지점에서는 늘 1위였고 도에서도 여러 번 순위권에 들어 서울 본사에 상을 타러 가고는 했다.

어머니의 급여는 고등학교 교사였던 아버지보다 세 배 가까이 많았다. 그 덕에 물려받은 재산은커녕 빚으로 시작했던 부모님은 할아버지와 할머니께 생활비를 드리면서도 아들 둘을 객지로 보내 대학까지 가르칠 수 있었다. 넓은 평수의 아파트에 살았고 중형차를 두 대 굴렸다.

어머니는 식구들 중 가장 먼저 일어나 아침밥을 하고, 퇴근 후 귀가해서도 집안일을 하다가 가장 늦게 잠들었다. 요리, 설거지, 장보기, 청소를 비롯한 모든 가사노동은 어머니의 몫이었다. 아버지는 명절과 제사 때만 처가에 갔지만 어머니는 일주일에 두 번 이상 시가에 갔다. 시부모인 할아버지와 할머니를 모시고 병원에 다니는 것도 어머니의 역할이었다.

어머니는 스스로에게 인색할 정도로 알뜰했다. 10년 이상 소형차를 탔고 시장에서 만 원짜리 신발을 사 신었다. 그러면서도 아버지의 위신을 세워주고자 좋은 차를 사주고 좋은 옷을 입혔다. 그러나 아버지는 어머니에게 그다지 고마워하지 않았다.

아버지가 어머니를 심하게 때렸던 날의 풍경은 지금도 눈에 선하다. 큰고모, 작은고모, 작은아버지네 식구들이 다 모인 날이었다. 사소한 말다툼에 격분한 아버지는 어머니에게 재떨이와 전화기를 집어 던졌다. 배를 걷어차고 가슴께를 짓밟아 갈비뼈를 부러뜨렸다. 아버지가 제 성질을 이기지 못해 집어 던진 의자와 그걸 몸으로 막던 작은아버지의 모습이 슬로모션처럼 머릿속에 각인돼 있다. 겁에 질린 나와 동생은 잘못한 것도 없는 어머니를 용서해달라며 아버지의 다리를 잡고 울었다.

며칠 뒤 어머니는 우리에게 엄마 아빠가 이혼을 해도 괜찮겠느냐 물었다. 나와 동생은 울며불며 싫다고 부르짖었다. 그날 이후 우리 집은 다시 평소로 돌아갔다. 남자 셋에게는 더없이 안온했으나 어머니에게는 위태롭고 잔혹했을 일상으로.

가난한 집 딸의 팔자

어머니는 찢어지게 가난한 집안에서 오빠와 남동생 사이에 끼인 딸로 태어났다. 일곱 남매 중 다섯째였다. 외할아버지는 북에서 목공소를 경영했던 자본가였으나 전쟁 통에 모든 것을 잃고 남쪽으로 내려왔다. 막일이라도 해서 돈을 벌어야 했지만 인텔리의 자존심을 끝끝내 버리지 못했다.

외할머니가 시장 바닥에서 과일을 팔아 아홉 식구를 먹여 살렸고, 학교에서 돌아온 어머니와 이모들이 번갈아가며 집안일을 했다. 넷이나 되는 외삼촌들 중 어느 누구도 거들지 않았다. 이는 지금까지도 이어지는 풍경이다. 명절이면 여자 사촌들은 주방으로 발을 옮기고 남자 사촌들은 텔레비전 앞에 몸을 누인다. 사회적 학습의 결과물일 그 풍경이 너무나 자연스러워 때로 유전자에 새겨진 것은 아닌지 의심이 든다.

1960~1970년대의 대가족 성공 모델은 영특한 자식(=아들) 한 명을 성공시켜 온 집안이 덕을 보는 것이었다. 모든 식구가 나의 셋째 외삼촌에게 사활을 걸었다. 한 살 어린 남동생보다 똑똑했던 어머니는 이모들과 함께 희생됐다. 친구들이 중학교에 입학하던

날, 어머니는 동네 뒷산에 올라 펑펑 울었다.

　　어머니는 몇 년 뒤 검정고시를 치렀다. 고등학교에 가고 싶었지만 집에 여력이 있을 리 없었다. 열일곱 살부터 법무사 사무실에서 사무보조로 일하며 방송통신고에 입학했다. 몇 년 돈을 모아 대학에 가는 게 목표였다. 그러나 1학년을 채 마치기도 전에 서울에서 살던 큰언니가 도움을 요청했다. 서울에서 대학을 다니게 해줄 테니 집에 와서 아이를 봐달라고 했다. 고향을 떠나는 것이 망설여졌지만 서울 사는 큰딸이 걱정돼 자주 우는 엄마가 안쓰러워 언니의 요청을 받아들였다.

　　그렇게 열일곱 살부터 스물한 살까지 4년간 용산구 해방촌에서 살았다. 조카가 유치원에서 돌아오기 전까지 학습지 채점과 완구 조립을 하며 돈을 모았다. 언니가 약속했던 대학 진학은 번번이 늦춰졌다. 그럴 여유가 있었다면 애당초 아이를 맡기고 돈을 벌러 나가지도 않았을 것이다.

　　어머니는 다시 고향으로 돌아가 작은 건설회사에서 경리로 일했다. 스물셋에 만난 첫 연애 상대와 스물다섯에 약혼을 하고 시가에 들어가 살았다. 그때부터는 주판 대신 밥솥과 빨래판을 잡았다. 며느리를 돈 안 주고 부리는 노비처럼 여기던 시대였다. 반년 만에 아이를 가졌고 3개월 뒤 결혼식을 올렸다. 남편은 취업이 확정되지 않은 대학교 4학년이었다.

첫아이를 낳은 지 4개월, 몸이 채 풀리기도 전에 둘째를 가졌다. 연년생 남자아이 둘을 키우며 살이 쭉 빠졌다. 밤하늘의 별도 따줄 것 같던 남편은 아이가 울면 짜증을 내는 사람으로 돌변했다. 잠든 남편을 방에 둔 채 가슴과 등에 아이 하나씩을 달고 숱한 새벽을 났다. 육아와 가사는 자연스레 여성의 일로 치부되어 독박을 썼다. 퇴근한 아버지는 하루 종일 청소도 안 하고 집에서 뭘 했느냐며 어머니께 화를 냈다. 그때는 그런 아버지가 특별히 나쁜 남편이 아니었다. 그 시절에 흔했던 그냥 보통 남자였다. 월급봉투만 잘 가져다주면 무슨 짓을 해도 좋은 남편 소리를 듣던 때였다.

요즘 출산휴가, 육아휴직을 내는 젊은 남성들을 보며 혀를 차는 어르신들이 많다. 우리 때는 그런 거 없이도 애들 잘만 키웠는데 요즘 것들은 유난을 떤다고 나무란다. 그분들께 여쭤보고 싶다. 그래서 장성한 자식들과 사이가 좋으시냐고. 혹시 자식들이 엄마만 찾아 외롭지는 않느냐고, 집 분위기에 녹아들지 못해 홀로 붕 떠 있는 존재처럼 느낄 때는 없는지를 말이다.

시아버지도 녹록한 사람이 아니었다. 결혼할 때 쌀 한 말 사준 게 전부였던 나의 할아버지는 아들 부부의 삶에 사사건건 간섭했다. 어머니는 모유가 잘 나오지 않아 내게 일찍부터 분유를 먹였는데, 할아버지는 그게 영 못마땅했는지 사람 새끼한테 소젖을 먹인다며 어머니를 구박했다. 둘째를 낳고 기저귀를 감당할 수 없어 세탁기를 샀을 때도 옛날에는 기계 없이도 수십 명 빨래를 다 했다며 혀를 끌끌 찼다. 손자들이 보고 싶으니 집에 오라고 이틀이 멀게 전화를 했고, 시아버지의 명을 거역할 수 없던 어머니는 동생을 업고 내 손을 잡고 매일 버스를 탔다.

페미니즘 사고의 시작

아버지는 대학에서 촉망받는 학생이었다. 지도교수가 여러 번 대학원 진학을 권했다. 석사 학위만으로도 교수 임용이 가능했고, 교수직과 박사 과정을 병행할 수 있는 시대였다. 아버지도 공부 욕심이 있었으나 4인 가구의 유일한 소득원이었다. 대학원을 다니며 직장생활을 할 수는 없는 노릇이었다. 그렇게 아버지가 공부를 포기하려 할 때, 어머니가 집을 나섰다. 돈은 내가 벌 테니 당신은 공부를 하라고. 내가 다섯 살, 동생이 네 살 때 일이었다.

어린아이가 둘 있는 서른한 살 여자가 할 수 있는 일은 많지 않았다. 어머니는 전자제품 방문판매 일을 시작했다. 할당량만 채우면 시간을 자유롭게 쓸 수 있으니 아이들 돌보기에도 괜찮을 것 같았다. 모르는 집의 초인종을 누르고 낯선 가게의 문을 두들기며 텔레비전, 냉장고, 세탁기를 팔았다. 사람들의 냉대와 멸시에 자주 모멸감을 느꼈고 그럴 때면 바닷가에 앉아 한참을 울었다. 매일 부딪치고 수시로 요동쳤지만 집에서는 티를 내지 않았다. 행여 가족들이 걱정할까 싶어 힘들다는 말은 일절 입에 올리지 않았다. 어머니에게 자기 삶은 늘 뒷전이었다. 그보다 먼저 엄마이고 아내이기를 강요받았다.

이듬해부터는 보험설계사 일에 뛰어들었다. 500명 이상의 가입자를 둔 S급 설계사였지만 실상은 돌봄노동의 확장판이었다. 사람들이 저마다 쏟아내는 힘든 일, 아픈 기억, 어려웠던 시절, 영광의 날들을 듣고 공감해야 했다. 때로는 운전기사, 간병인 역할도 했다. 고객들의 경조사를 챙기는 건 기본이었고, 고객의 자녀 운동회에 가 어머니 코스프레를 하기도 했다. 사람들은 우리 어머니가 꼭 자신의 엄마 같다고 좋아했다. 아낌없이 주고 한없이 받아주는 사람. 타인에게는 감정의 배출구로 살았으나 스스로의 감정은 누구에게도 배출하지 못했던 사람. 그 속은 얼마나 문드러졌을까.

　　어머니의 삶은 늘 치열했다. 동트기 전에 일어나 밥을 짓고 국을 끓인 뒤 남자 셋을 깨웠다. 삼부자는 사사건건 어머니를 찾았다. "엄마, 내 양말 못 봤어?" "엄마, 내 준비물 사 왔어?" "당신, 내 양복 찾아왔어?" 이른 아침 집을 나선 사람들은 해가 뉘엿하면 지친 몸을 거두어 집으로 돌아온다. 따뜻한 저녁밥을 먹고 편안한 소파에 누워 여유 있게 텔레비전을 본다. 퇴근 후 가정을 생각할 때 떠오르는 풍경이다. 그래서 가정을 휴식과 재충전의 공간이라고들 하지만, 그건 어디까지나 남자들에게만 국한되는 얘기다. 독박육아와 가사노동의 늪에 빠진 이들에게는 가정이 직장보다 끔찍한 노동의 공간일 수 있다. 쥐구멍조차 보이지 않는 삶, 침잠의 시간이 허락되지 않는 삶. 우리가 누리는 평화롭고 안락한 삶의 이면에는 끝나지 않는 고통을 인내하는 다른 누군가가 있었다. 그 세월을 견뎌낸 어머니는 우리 집의 시시포스였다.

열두 살 아이의 눈에도 어머니는 힘겨워 보였다. 고통을 덜어드리고 싶어 가사노동을 시작했다. 빨래와 청소, 설거지 정도는 어렵지 않았다. 지친 얼굴로 퇴근한 어머니가 앞치마를 두르고 주방에 들어가는 대신 이불을 덮고 소파에 눕는 것이 좋았다. "도와줘서 고마워, 아들." 어머니는 나 혼자 끓여 먹은 라면 그릇을 씻어도 고맙다고 했다. 이상했다. 함께 먹고 같이 입고 모두가 더럽히는데, 씻고 빨고 청소하는 건 오롯이 어머니의 역할인 게 이해되지 않았다.

지금 생각해보면 그때가 '페미니즘 사고思考'의 시작이었던 것 같다. 나는 설거지가 적성에 맞았다. 아무 생각도 하지 않고 그릇을 닦다 보면 마음이 평온해졌다. 깨끗하게 씻긴 그릇을 문지르면 기분 좋은 뽀드득 소리가 났다. 하지만 아버지는 고3이 되어서도 설거지를 하는 내게 이렇게 말했다. "엄마가 집안일을 제때 안 하니 네가 공부할 시간이 없구나."

초등학교에 다녔던 1990년대 초반에는 지금처럼 맞벌이가 많지 않았다. 집에 가면 엄마가 반겨주는 친구들이 부러워서 일 안 하면 안 되냐고 보채는 철없는 아들에게 어머니는 미안하다는 말만 되뇌었다. 나와 동생은 학교 운동장에서 가장 늦게까지 축구를 하는 학생이었다. 집에서 둘이 노는 것보다는 학교에서 공 차는 것이 재미있으니 엄마가 퇴근하기 전까지는 운동장을 떠나지 않았다. 동네 아주머니들이 보기에는 그게 퍽 걱정스러웠던 것 같다. 어머니는 학부모 모임에서 자주 핀잔을 들었다. "애들 좀 챙겨." "둘 다 고학년인데 학원이라도 좀 보내." 죄 없는 어머니는 우리에게 자주 미안해야 했다.

부끄러운 일이지만, 나도 비슷한 편견을 드러낸 적이 있다. 얼마 전 지역의 여성 정당인을 밤늦게 우연한 자리에서 만났는데, 무심코 아이는 지금 누가 봐주는지를 물은 것이다. 아차, 실수했다 싶었다. 여태껏 숱한 남성들을 늦은 밤에 만나왔지만 그들에게는 한 번도 그런 질문을 한 적이 없다. 오랫동안 공부하고 성찰했으니 여성혐오로부터 자유로울 거라 여겼는데 오만한 생각이었다. 30년 넘게 한국 남자로 자라며 공기처럼 마신 여성혐오는 사고의 기저에 뿌리박혀 쉬이 사라지지 않는다.

중년 여성의 자리

중년 남성이 멋있으려면? 아내가 있어야 한다. '집사람'의 관심과 돌봄 없이 구멍 난 양말과 밑단 터진 바지를 피할 수 있는 한국 남자는 몇 없다. 깔끔하게 세탁되어 다려진 셔츠를 착용할 수 있는 것도 대부분 아내 덕이다.

중년 여성이 멋있으려면? 남편이 없어야 한다. 아침밥 먹인다고 난리를 피울 것도, 뒷바라지한다고 억척스러울 것도 없다. 가사노동과 감정노동의 부담은 절반 이하로 준다. '500파운드'를 들고 '자기만의 방'에서 비교적 윤택한 삶을 누릴 수 있다.

아내는 남편이 없어야 장수하고 남편은 아내가 있어야 장수한다는 한 대학의 연구 결과*를 보면 결혼이라는 이름의 착취 구조에서 누가 가해자이고 누가

* "남편 없는 여성이 더 오래 산다", 〈중앙일보〉, 2002년 11월 8일.

피해자인지가 명확해진다. 마치 주인과 노예의 관계처럼 남편은 아내가 있어야 삶에 여유가 생기지만, 아내는 남편이 없어야 삶에 굴곡이 사라지기 때문이다.

　　남성의 생애 주기에는 이렇다 할 경력단절 요인이 없다. 하지만 여성은 결혼, 출산, 육아를 거치며 많은 수가 직장을 잃는다. 운 좋게 살아남은 사람도 승진에서 탈락하거나 주요 업무에서 배제되는 불이익을 겪는다. 경력단절 여성이 취업할 수 있는 곳은 저임금, 저숙련 일자리가 대부분이다. 경력단절과 무관한 삶을 살아온 지식노동자도 여성이라서 정당한 대가를 못 받는 경우가 있다. 지역 시민단체에서 공동대표를 맡고 있는 한 선생님은 풀뿌리 운동으로 명성을 쌓아 이곳저곳에서 부름을 받는다. 자신을 찾는 이들이라면 살림살이가 뻔해 무료 섭외도 거절하지 않았는데, 어느 날 남성 공동대표에게는 무료 섭외가 거의 없다는 사실을 알게 되었다. 사람들은 읽고 쓰고 말하는 그녀의 노동을 고학력 여성의 고고한 취미생활쯤으로 생각하고 있었다. 남편과 함께 생계를 책임지는 생활인으로 연단에 섰지만, 여성이라는 이유로 직업 노동자로 인식되지 못했다.

어느 사회에서나 여성이 남성보다 많이 일한다. 가사노동이 심각한 수준으로 여성에게 편중되어 있기 때문이다. 더 많이 일하지만 더 적게 받아서일까. 여성의 노동은 사소하고 부차적인 것으로 취급된다. 국가는 필요에 따라 '산업 역군'의 이름으로 여성을 소환했으나 쓸모가 사라지면 우선적으로 노동시장에서 배제했다. 개발독재시대의 한국이 그랬고 군국주의시대의 일본이 그랬다. 유럽도 산업혁명과 세계대전을 겪으며 노동하는 여성을 호명했으나 이내 용도 폐기를 단행했다.

은행에 다니는 삼촌은 사내에서 숙모를 만나 결혼했다. 한때 넉넉한 삶을 살았지만 외환위기가 닥치자 권고사직 대상자가 되었다. 둘 중 하나는 직장을 포기해야 하는 상황에서 모두의 예상대로 숙모가 일을 그만뒀다. 수많은 중년 여성들은 언제까지 자신의 자리를 지킬 수 있을까. 아련하고 서글프다.

다른 집도 다 이러고 산다고?

나는 중학교 내내 틱을 심하게 앓았다. 틱 중에

서도 단순한 동작을 갑작스럽게 반복하는 운동틱과 같은 방식으로 소리를 내는 음성틱이 동시에 나타나는 투렛 증후군이었다.

학교에서는 따돌림을 당했고 자주 죽고 싶다는 소리를 했다. 항상 우울했고 학교 가는 것에 스트레스를 받아 매일 아침 구토를 했다. 수요일 오후마다 조퇴를 하고 정신과 진료를 받았는데 어머니는 바쁜 와중에도 짬을 내어 매주 나를 데리고 병원에 갔다. 틱을 나쁜 버릇으로만 아는 주위 사람들은 사랑이 부족해 생긴 일이라며 바깥일을 하는 어머니를 탓했다. 아기의 머리에 흡인 분만기를 밀착해 끌어내는 흡인분만이 틱의 원인으로 추정된다는 의사의 말을 들은 뒤에는 제왕절개를 하지 않고 자연분만을 고집한 산모가 나쁘다고 했다. 어떤 경우에도 비난은 어머니에게만 향했다. 같이 낳아 함께 길렀으나 아버지는 자유로웠다.

사람들은 어머니를 칭송하면서도 비난했다. 남편보다 많이 번다고 띄워주면서도 자식들을 못 챙긴다고 손가락질했다. 시어머니를 살뜰히 모신다고 우러르면서도 형제들과 나누지 않는다고 서운해했다.

우리 집이 이만큼 사는 건 어머니 덕분이지만 아들이 턱을 앓는 것도 어머니 때문이라고 했다. 한 친척이 어머니에게 "큰며느리가 잘못 들어와 집안에 우환이 많다"라고 말했을 때, 대한민국에서 여자로 사는 건 더럽고 아니꼬운 데다가 치사하고 참담하기까지 한 일이라는 생각이 들었다.

나쁜 엄마 되는 건 정말 쉽다. 자연분만으로 아기를 낳고, 젖몸살을 앓으면서도 모유 수유하고, 면 기저귀를 일일이 빨아가며 사용해도, 답답해서 잠시 외출했다가 아기가 감기라도 걸리면 금세 이기적인 엄마가 된다.

나쁜 아빠 되는 건 정말 어렵다. 애가 울거나 말거나 귀 막고 잠을 자도, 젖병 소독이며 목욕 한 번 안 시켜도, 유모차 끌고 동네 한 바퀴만 돌면 금세 자상한 아빠로 소문난다. 백 가지 중 하나만 잘못해도 나쁜 엄마가 되는데, 백 가지 중 하나만 잘해도 좋은 아빠가 되는 사회는 정상이 아니다.

아버지는 힘들다고 토로하는 어머니에게 자주 말씀하셨다. "우리만 그런 거 아니야. 다른 집도 다 이러고 살아. 더한 집도 많아." 틀린 말은 아니었다. 주변을 보면 정말 다들 그러고 살았다. 집 앞 미용실 사장님은 혼자 벌어 딸 둘을 키웠다. 그 집 남편은 술에 취해 돈을 가지러 올 때만 가게에서 얼굴을 볼 수 있었다. 학교 뒤 세탁소 사장님은 치매를 앓는 시아버지를 모시고 살았다. 사장님의 남편은 평소에는 좋은 사람이었지만 화가 나면 LPG 가스통을 들고 나타났다. 보험회사에서 만난 어머니의 동료들은 대개 남편이 주정뱅이거나 바람이 났거나 도박에 빠져 있었다. 그들은 수입이 없는 가장의 훼손된 자존심을 가정에서 폭력을 행사하는 것으로 만회했다. 망나니 남편의 등쌀에 시달리며 자식들을 키워낸 억척스러운 어머니의 서사는 많다. 그러나 반대의 서사는 좀처럼 찾기 힘들다. 왜 그럴까.

성장기 내내 부모의 불화를 지켜보고 자란 아버지는 마음속에 불안과 분노가 응축돼 있었다. 폭력은 학습되어 후대에 전승된다는 말의 산증인이었다. 밥상을 엎고 물건을 던졌던 할아버지를 빼닮아 의자를 던지고 식탁을 부쉈으며 책장을 무너뜨리고 브라운관을 깼다. 가끔은 어머니도 큰소리를 냈지만 혹시라도 자식들이 상처를 받을까 싶어 이내 머리를 숙였다. 어

머니는 한평생 아버지를 이해하려 애썼고 돌보았지만
아버지는 어머니를 엄마나 누나처럼 여겼다.

어머니의 우울증

연년생 형제는 잇달아 고등학교를 졸업하고 집
을 떠났다. 어머니는 섭섭해했지만 기대도 컸다. 아들
둘 키워내느라 20년 동안 정신없이 살아왔으니 이제
는 남편과 둘이서 부부의 삶을 여유롭게 즐길 거라 생
각했다. 한편으로는 당구, 낚시, 바둑, 골프 등 다양한
취미생활을 즐기는 남편이 고삐 풀린 망아지처럼 더
심하게 놀 것 같아 걱정도 됐다. 불길한 예감은 빗나가
지 않았다.

아버지를 밖에서 보는 사람들은 아버지를 호인
중의 호인이라고 했다. 아버지는 풍류를 아는 사람이
었지만 한평생 노동에 시달린 어머니는 놀 줄 모르는
사람이었다. 집에 가봤자 아무도 없는 걸 알지만 집 말
고는 갈 곳이 없는 사람이었다. 텔레비전 앞에 앉아 혼
자 저녁을 먹고 남편이 언제 오나 기다리다 소파에서
잠드는 하루하루가 반복됐다. 허전함과 외로움에 시

달리던 어머니는 이내 우울증에 걸렸다.

어머니에게 전화를 걸어 "뭐 하세요?"라고 물어보면 십중팔구 "텔레비전 봐"라는 대답이 돌아왔다. "혼자요?" 하고 물으면 다시 "응"이라는 대답이 돌아왔다. 속상하고 죄송했지만 딱히 더 할 말이 없었다. 나는 어머니의 곁에 있을 수 없었고, 어머니가 텔레비전을 보는 것 말고 저녁에 어떤 일을 할 수 있을지 생각나지 않았다. 무슨 이야기를 해야 하나 고민하고 있으면 어머니는 마치 아들의 전화를 기다리고 있던 사람처럼 말을 쏟아내기 시작했다. 나를 위해 그 이야기를 꽁꽁 싸매고 감춰두었던 것처럼, 지금 전화하지 않았다면 그 이야기는 영원히 사라져버렸을 것처럼 내게 하고 싶은 말이 많았다.

한참을 이야기하다가 전화를 끊고 나면 어머니가 느낄 먹먹함이 전해져 슬픔이 밀려왔다. 나는 떠올리지 못하지만, 어머니는 또렷이 기억하는 순간들이 있을 것이다. 배 속에서 느껴졌던 희미한 태동, 간신히 울음을 달래 재웠을 때의 안도감, 열이 떨어지지 않아 안절부절못했던 어느 밤, 엄마를 부르며 아장아장 걸어오던 순간들. 자신에게 모든 것을 의지했던 한 생명체가 조금씩 멀어져가는 것을 보며 어떤 감정을 느꼈을까. 뜨겁게 사랑했던 연인이 떠나는 것을 인정하며 축복까지 해야 하는 심정은 아니었을까.

자식들을 키워낸 후 많은 어머니들이 우울증에 걸린다. 수십 년 동안 좇았던 삶의 목적이 일시에 사라지자 거대한 허무가, 정체성의 혼란과 자아의 붕괴가 몰려온다. 자아실현의 욕망을 거세당한 어머니들이 자식 교육에 집착하는 것을 비난할 수 있을까. 성취감을 느낄 수 있는 유일한 경로가 자식의 성공뿐이었던 현실에서, 자신의 삶과 자식의 삶을 구분하지 못한다고 그들을 조롱할 수 있을까.

어머니는 어두컴컴한 텅 빈 집에 홀로 앉아 자주 지난 삶을 돌아봤다. 거기서 가엾은 여자아이를 만났다. 자기 인생을 살지 못했던, 고단한 삶에 지친 아이를.

2장 페미니즘 공부하는 남자

선의와 양심에만 의존하는 것은 불안하다

대학교에 진학했다. 텔레비전으로만 봤던 서울의 삶이 코앞에 다가와 있었다. 기대와 설렘으로 마음이 부풀어 터질 지경이었다. 입학을 앞둔 2월 중순, 속초에서 열린 오리엔테이션에 갔다. 서로가 데면데면한 낮이 지나 해가 저물고 숙소로 돌아갔을 때, '반反성폭력 자치규약'이 어색한 침묵을 깼다. 우리보다 더 긴장한 듯한 선배가 벽에 붙은 규약의 취지를 설명했다. 그리고 함께 소리 내어 읽자고 제안했다.

원하지 않는 사람에게는 술을 권하지 않는다.

타인에게 술을 따르라고 요구하지 않는다.

신체 접촉을 하지 않는다.

성적인 농담을 하지 않는다.

개인 신상과 관련된 질문을 하지 않는다.

외모를 칭찬하거나 비하하지 않는다.

'왕게임'을 하지 않는다.

새내기에게 반말하지 않는다.

잠자는 방은 성별로 분리한다. (…)

반성폭력 자치규약은 대학생활 내내 함께했다. 신입생 환영회 때도 강의실 양쪽 벽에 큼지막하게 붙여놓았으며 엠티에서도, 축제에서도, 농활에서도 다 같이 규약을 읽는 것이 그 시작이었다. 모임의 성격에 따라, 참가하는 이들에 따라 규약의 내용과 표현에 차이가 있어 문구를 정하는 것이 준비 모임의 주요 의제 중 하나였다. 추가, 삭제, 수정할 내용을 두고 자주 토론이 벌어졌다. 매번 대단한 목적의식이나 특별한 필요성을 느껴서는 아니었다. 선배들에게 그렇게 배웠고 늘 해왔던 것이니까. 불편한 사람이 없어야 하니까. 대학은 다 그런 줄 알고 으레 하던 대로 했다. 그때 미처 몰랐지만 그런 활동을 하면서 성평등 의식과 젠더 감수성이 형성됐다.

문제: 길거리에 담배꽁초가 떨어져 있을 때 해야 하는 일은?

이 질문에 '주워서 쓰레기통에 버린다'를 답하지 않을 사람은 거의 없지만, 실제로 꽁초를 줍는 사람은 드물다. 머리로 안다고 해서 손발이 자동으로 따라오지는 않는다. 관건은 도덕관념을 행동으로 발현하는 방법을 몸으로 익히는 것이다. 선의와 양심에만 의존하는 것은 불안하다. 그렇다고 강제력이 투입되면 왜곡된 진심과 얄팍한 가식이 번창한다. 규약의 내용은 새롭거나 특별하지 않았다. 성장 과정에서 한 번쯤 들어보았을 말들, 머릿속에 규범으로는 있으나 행동으로 옮기지는 않을 만한 것들이었다. 그런 내용들이 활자가 되고 반복되자 심리적 구속력을 발휘했다. 편하고 효율적이고 재미있고 귀찮아서 대충 넘길 수도 있는 상황에 압력을 가했다. 질척하고 음습하지만 날을 세우기엔 애매한 말장난에 "규약 ○○조 위반"이라는 뼈 있는 농담을 날릴 수 있었다.

　최규석의 웹툰 〈송곳〉의 대사처럼, 그물처럼 깔려 드러나지 않는 규칙은 권력에게 너그럽다. 폭력이 나쁘다는 걸 몰라서 선생이 학생을 때려온 게 아니다. 다들 그러니까, 늘 그래왔으니까, 그러면 편하니까, 그래도 탈이 없으니까 때렸다. 학생인권조례˚가 제정되

˚　학생인권조례는 학생의 인권이 보장될 수 있도록 전국 17개 시·도 교육청별로 제정·공포해 시행하는 조례다. 2018년 2월까지 경기도, 광주, 서울, 전북 교육청에서 학생인권조례를 공포하였다.

자 교사의 관성적 폭력을 구속할 직접적인 법적 근거가 생겼다. 폭력 교사들은 그제야 하나둘 몽둥이를 내려놓았고 조례가 없는 시·도 교육청도 눈치를 보기 시작했다. 교사들은 더러워서 참는다고 말하지만 실은 다칠까 봐 참는다. 성폭력도 마찬가지다. 학교에서는 매년 교원들에게 '성 비위非達 사건 방지 서약서'를 받는다. 상당수가 달갑지 않은 표정으로 서명하고, 간혹 죄인 취급을 받는 것 같다며 거부하는 이들도 있다. 그 불쾌감 때문에라도 각인 효과와 경각심이 형성될 테니 충분한 예방 효과가 있을 것이다.

여러 분야에서 반성폭력 자치규약 같은 약속을 만들어 드러내고 강조하면 좋겠다. 교문 옆 바위에 관념적인 단어 나열에 불과한 교훈 대신 더불어 살기 위한 구체적인 규칙을 새기면 좋겠다. 식민 교육·국가주의 교육의 잔재인 태극기를 뗀 자리에는 평등과 평화의 헌장을 넣으면 좋겠다. 세계인권선언이나 학생인권조례, 유엔 아동권리협약의 핵심 정신을 담아도 좋겠다. 당장은 비아냥거리는 소리를 듣기도 하겠지만 자꾸 꺼내고 가시화해야 한다. 그래야만 드러나는 사람들이 있고 지워지지 않는 존재들이 있다. 소외와

차별 없이 함께 살자고 나라를 세우고 공동체를 이룬 것이니까.

성폭력 사건은 어떻게 일어나나

학부 시절, 학교에서 성폭력 사건이 있었다. K교수 사건의 시작은 2001년 10월이었다. 가해자 K교수는 학과 회식에서 대학원생을 희롱하고 추행했다. 학교는 사건을 덮는 데 급급해 게시판에 올라온 고발을 삭제하고 작성자의 아이피를 추적했다. 피해자의 행실을 들먹이며 인격을 공격하고, 승진과 인사에 불만을 품은 다른 교수가 배후에서 피해자를 조종한다는 음모론을 제기했다. 이듬해 1월이 되어서야 소집된 징계위원회는 2002년 3월, K교수에게 정직 3개월이라는 솜방망이 처분을 내렸다.

2003년, 안식년을 마치고 복직한 K교수는 또다시 피해자를 괴롭혔다. 학생회는 수업 거부와 언론 제보로 대응했고, 학교는 사건 이후 제정한 '성폭력·성희롱 예방 및 처리에 관한 규정'에 따라 '재범' K교수에게 해임을 통보했다. 중징계가 불가피해 보였으나 교육부 교원징계재심위원회(이하 재심위원회)가 K 교수의 구제 요청을 받아들이는 바람에 다시 한 번 정직 3개월 처분을 받는 걸로 끝나버렸다.

분노가 채 식기 전에 H교수 사건이 발생했다. 학술 답사에서 일어난 성추행 사건이었다. K교수 덕(?)에 만들어진 '양성평등 성 상담실'이 사건을 접수했고, 대학 본부는 학생, 교수, 교직원으로 구성된 대책위를 꾸렸다. 사건 발생 두 달 만에 H교수는 파면 처분을 받았다. 그러나 정의 구현의 기쁨도 잠시, 재심위원회는 이번에도 가해자의 손을 들어줬다. 재심위원회가 성범죄자 구제 기관이냐는 비판이 쏟아졌다. 피해자는 고소장을 제출했고 검찰 조사가 시작됐다. 재조사에 착수한 학교 측에서 다시 한 번 파면을 결의하자 재심위원회도 학교의 결정을 인용했다. 두 사건을 지켜보며 자주 신경이 곤두섰다. 더군다나 H교수 사건은 내가 속한 학과에서 일어난 일이었다. 촉각이 날카로워지지 않을 수 없었다.

십수 년이 흐른 지금도 성폭력 가해자의 행동 양식에는 별 차이가 없다. 권력이나 위계를 이용해 성폭력을 가하고, 피해자의 문제 제기를 묵살하고 무마를 시도한다. 여론이 자신에게 불리하다 싶으면 그럴 의도는 아니었지만 그렇게 받아들였다면 미안하다는 식의 조건부 면피용 사과를 한다. 사법 처벌이 임박하면 돌연 태도를 바꿔 물타기를 시도한다. 옷차림, 입술 색깔, 대인 관계 등 별별 트집을 다 잡는다. 소속 집단에 과한 정체성을 부여한 이들이 '○○ 망신'을 들먹이며 달라붙고, 전선 고착화에 고무된 가해자는 협박을 반쯤 섞어 합의를 시도한다. 중년 남성들로 구성된 재판부는 가해자 쪽 주장을 대거 인용해 경미한 처벌을 내린다. 간혹 재판부가 압박을 느낄 정도로 여론이 분노하면 그제야 일반 시민들도 납득 가능한 판결이 내려진다.

그러나 이런 지난한 과정조차 피해자가 용기를 내야 가능한 일이다. 조사 과정에서 생각하기도 싫을 끔찍한 순간을 끝없이 소환해야 하고, 때로는 조사관에게 2차 가해를 당하기도 한다. 가해자를 직접 대면하는 경우도 부지기수다. 사건이 조직 내부에서 발생했을 경우 고립되는 건 보통 피해자 쪽이다. 그러한 과정에서 발생하는 엄청난 정신적 고통을 견디다 못해 극단적 선택을 하는 이들도 많다. 성범죄에서 친고죄

규정이 폐지되었고, 처벌 수위가 점차 높아지는데도 성범죄는 해마다 증가하고 있다. 보다 근본적인 처방이 필요하다. 특히 교육 쪽에서.

착한 여자는 천국에 가지만 나쁜 여자는 어디든 간다

선배들이 연애를 시작했다. 이전부터 잘 어울렸던, 내가 무척 선망하는 사람들이었다. 장난삼아 몇 번 형수님이라고 불렀는데 선배가 정색을 하고 말했다.

"연애 전부터 우리 친한 사이였잖아. 나는 남자 친구를 통해 널 만나지 않았어. 남자의 무엇으로 불리기도 싫고. 별생각 없이 던지는 농담에도 여성을 종속적이고 부차적인 존재로 인식하는 태도가 드러날 수 있어. 그렇게 부르지 말아줘."

나는 바로 사과했다. 누나는 내게 정희진의 《페미니즘의 도전》을 선물하며 '말과 성차별' 부분을 꼭 읽어보라고 했다. 읽는 내내 머리가 어지러운 책이었다. 지금까지 가지고 있던 생각들이 하나둘 붕괴됐다. 다수의 표현이 남성을 인간의 기본값으로 상정하고 있음을, 생각 없이 써왔던 무수한 말들이 실은 차별투성이였음을 깨달았다. 로댕의 조각은 〈생각하는 사

람〉인데 앵그르의 그림은 어째서 〈욕탕의 여인들〉인
지, 왜 유관순 '열사'가 아니라 유관순 '누나'인지, 여
아 낙태의 근거가 되는 남아 선호 '악습'을 굳이 남아
선호 '사상'이라 불러야 하는지…. 물음은 반복됐다.
왜 남성은 '걸레'라 불리지 않을까. '여고'는 있는데 왜
'남고'는 없을까.* 여기에 미처 옮기지 못한 수많은 단
어가 머릿속에 떠올랐다.

　　그렇게 페미니즘에 관심이 생겼다. 그걸 공부하
면 어머니가 한평생 왜 그렇게 살아왔는지를 설명할
수 있을 것 같았다. 그 점이 무엇보다 반가웠다.

　　문과대 축제를 앞둔 늦여름, 여장 대회 부활을
놓고 선배들이 다퉜다. 한쪽은 여성을 성적으로 대상
화하는 문제를, 반대쪽은 재미로 하는 일에 까칠하게
반응하는 예민함을 비판했다. 여장 대회 반대파는 여
성의 이미지를 큰 가슴과 짙은 화장으로 부각하는 태
도를 경계했다. 성 상품화 논란으로 미스코리아 대회
가 유명무실해진 마당에, 대학에서 여장 대회를 할 이

●　　정희진,《페미니즘의 도전》, 교양인, 2005, 80~84쪽.

유가 어디에 있느냐는 토로가 이어졌다. 여성성과 남성성을 구분하는 인식론에 반대한다는 근본적 주장도 제기됐다. 여성의 몸(여성화된 몸)을 채점하는 행위를 결코 용납하지 않겠다는 선언적 발화도 나왔다.

가슴이 뜨끔했다. 남자 동기들과 잔디밭에 앉아 지나가는 여학생들의 외모를 품평했던 며칠 전 내 모습이 떠올랐다. 쟤는 다리가 굵으니 비 마이너스, 쟤는 코가 안 예쁘니 에이 제로. 문제의식도 죄책감도 없이 여성의 외모를 평가했다. 남자들만 모인 술자리에서는 경쟁적으로 음담패설이 벌어졌다. 연애 중인 친구에게 '진도'를 캐물었고, 친구는 의기양양한 태도로 그것을 '자랑'했다. 그 모든 것이 성폭력임을 당시에는 인지하지 못했다. 그래야 어른인 줄 알았다. 도덕의식도 낮았고 젠더 감수성은 아예 없었다.

젊은이들은 자기 방식으로 남을 재단하는 기성세대를 비판하지만, 어느 영역에서는 우리의 고집과 그들의 고루함이 다르지 않다. 공적 발화에서조차 '아무 말 대잔치'가 횡행하던 것이 불과 2~3년 전이다. 남녀고용평등법에 '성희롱' 조항이 생긴 게 불과 19년 전의 일이다. 그전까지 여성들은 불쾌감을 표현할 용

어조차 가지지 못했다. 최근 우리 사회의 젠더 감수성이 높아진 건 넷페미들을 중심으로 한 페미니즘 리부트*의 덕이지, 사회 구성원의 도덕감정이나 관용 수준이 높아진 덕분은 아니다. 세상이 많이 좋아졌다지만 나빠지는 건 한순간이다. 눈감고 귀 막는 순간 누구나 '꼰대'가 될 수 있다. 도태되지 않으려면 공부하고 성찰해야 한다.

여장 대회로 시작된 선배들의 싸움은 페미니즘 전반으로 확장됐다. '페미니즘의 편협성과 폐쇄성'으로 논쟁의 불이 옮겨붙은 것이다. 안티페미니스트 진영은 '페미니스트들이 너무 닫혀 있다'며 '여성의 권리만 주장할 게 아니라 노동자를 위해서도 싸워야 한다'고 주장했다. 페미니스트 진영은 '평화운동가와 환경운동가에게 먼저 노동자 연대를 제안하라'며 '유독 페미니스트에게만 지나치게 엄격한 잣대를 들이대지 말라'고 쏘아붙였다. '당신들이 말하는 노동 해방에 여성의 가사노동이 포함돼 있는지' 물었고, 인류의 절

• 　대중문화를 연구하는 페미니스트 손희정은 2015년 촉발된 페미니즘 운동의 새로운 흐름을 가리켜 "페미니즘이 리부트되었다"고 진단했다. 손희정,《페미니즘 리부트》, 나무연필, 2017, 47~48쪽.

반이자 가장 오래된 마이너리티를 향한 편견과 무지를 비판했다. 논쟁은 끝났고 여장 대회는 부활하지 않았다.

페미니즘은 현실을 객관화하는 도구다. 이곳을 벗어난 시점에서, 이전과 다른 시선으로 세상을 보게 한다. 부조리를 인식하게 유도하고 불합리를 바로잡을 수 있는 용기를 준다. 인내와 희생 없이, 양보와 포기 없이 누리는 삶을 꿈꾸게 한다. 무조건 참지 않아도 된다는 것을, 잘못된 쪽은 내가 아니라는 것을 알게 한다. 그래서 페미니즘은 남성에게도 유용하다. 힘과 용기, 의지와 절제로 대표되는 견고하고 좁은 틀에 갇힌 남성성을 구출한다. 우는 남자, 말 많은 남자, 힘없는 남자도 괜찮다고 토닥인다. 군대 가라 떠밀고, 데이트 비용과 집 장만의 부담을 주고, 아담한 키와 작은 성기에 주눅 들게 하는 주체가 '김치녀'가 아니라 '가부장제'라는 걸 알게 된다. 그 사실을 이해하고 나면 남성의 삶도 자유로워진다.

많은 이들이 영화 〈아가씨〉의 대사 "내 인생을 망치러 온 나의 구원자"로 자신의 페미니즘을 설명한다. 각성은 괴롭다. 쇠사슬을 끊고 광야로 향하는 발걸

음은 자유로운 동시에 배고프다. 그러나 한번 깨치고 나면 다시는 이전으로 돌아갈 수 없다. 결국 새로운 길로 향하게 될 것이다. 착한 여자는 천국에 가지만 나쁜 여자는 어디든 간다는 말처럼.

근엄해 보이는 가부장제의 비열한 그늘

큰댁 첫째 숙모는 20년 넘게 종갓집 맏며느리 노릇을 하고 있다. 꽤 오랫동안 시어머니를 모셨고 한동안은 시할머니와도 함께 살았다. 숙모는 두 아들을 키우며 직장생활을 했다. 친정인 전남 장흥은 큰댁이 있는 강릉에서 자동차로 여섯 시간 거리다. 숙모의 큰아들이 스물여덟 살인데, 명절에 한 번도 외가에 가본 적이 없단다. 숙모에겐 보고픈 부모님과 만나고픈 형제자매가 없을까. 삼촌에게 설과 추석을 번갈아 처가에 갈 생각이 없는지 물었더니 쓴웃음이 돌아왔다. 아내를 끔찍이 사랑하는 것과 맏며느리 없는 명절을 상상하는 것은 별개였다.

봄에 결혼한 당숙모는 추석에 첫 명절을 쉬러 왔다. 퇴근하자마자 차를 달려 새벽에 도착한 맞벌이 부부는 둘 다 지쳐 있었다. 그 집 아들인 당숙은 오자마자 잠들었지만, '남의 식구'인 숙모는 곧장 앞치마를 두르고 일을 시작했다. 피곤에 잔뜩 전 얼굴로 낯선 시댁 형님들과 나란히 앉아 전을 부쳤다. 날이 밝자마자 차례상을 차렸고, 차례상을 치우면서 아침상을 차렸다. 앉을 자리가 없어 부엌에서 기다리는 사이에 손님이 찾아와 다시 상을 차렸다. 새댁을 보러 많은 이들이 찾아온 덕에 새댁은 부엌을 벗어날 겨를이 없었다.

우리 집도 다르지 않다. 증조할머니가 돌아가신 뒤로는 할아버지 이하 식구끼리만 명절을 보낸다. 조부모, 큰고모, 작은고모, 작은아버지의 가족까지 스무 명 남짓한 사람들이 우리 집에 온다. 그리고 그 사람들에게 밥을 해 먹이는 건 오롯이 어머니와 작은어머니의 몫이다. 온건 마초(?)인 내 동생은 이 문제에 전혀 관심이 없고, 고등학생인 작은아버지네 딸들도 마찬가지다. 같이하겠다며 기웃거리는 건 나와 서른두 살 된 작은고모의 딸인데 사실 별 몫을 하지는 못한다. 청소나 심부름을 하는 게 고작이다.

문제는 우리가 일을 할 때 어른들이 보이는 반응이다. 내가 일하지 않을 때는 아무도 뭐라 하지 않는다. 전 부치는 냄새가 몰아치고 달그락거리는 그릇 소리가 귀를 때리는 가사노동의 폭풍 속에서 나는 마치 투명 인간이 된 것 같다. 그러다 밥상을 펴고 수저라도 놓으려 하면 한바탕 난리가 난다. 남자는 이런 일 하는 거 아닌데, 승범이는 일등 신랑감이네, 젊은 사람이라 다르네, 의식이 있네 없네. 텔레비전을 보던 온 식구들이 한마디씩 거든다.

그러나 함께 돕는 작은고모 딸에게는 누구도 관심을 갖지 않는다. 물 떠 오라며 일을 더 얹지나 않으면 다행이다. 마치 원래 그랬던 것처럼, 여성은 주방에 살도록 태어난 것처럼, 소름 끼치도록 자연스러운 풍경이 펼쳐진다. 그러다 소파에 앉아 스마트폰이라도 만질 성 싶으면 여기저기서 한마디씩 던진다. 우리 지연이도 곧 시집가려면 연습해야 하지 않을까? 요리는 좀 하니? 나중에 사랑받으려면 이참에 신부 수업 좀 받아봐. 농땡이 치는 직원을 발견한 사장처럼 쉬지 않고 말을 쏟다.

"설거지는 아버지랑 삼촌이 하시는 게 어때요?"

참다못해 던진 한마디에 일순간 싸늘한 정적이 찾아온다. 불편한 헛기침이 몇 번 오가면 어머니가 옆

구리를 쿡 찌른다. 그렇게 또다시 여성을 희생시켜 가정의 평화를 얻고 며느리를 착취하여 화려한 밥상을 받는다. 근엄해 보이는 가부장제의 비열한 그늘이며 가족애의 가면을 쓴 불편한 동거다. 아들로 태어난 나는 금수저인데 딸로 태어난 지연이는 흙수저다. 명절이 아니어도 마찬가지다. 아들이 설거지를 하면 "우리 아들 좋은 남편 되겠네"라고 하지 "우리 아들 장가가도 되겠네"라고는 안 한다. 딸이 설거지를 하면 "우리 딸 시집가도 되겠네"라고 하지 "우리 딸 좋은 아내 되겠네"라고는 안 한다. 똑같은 설거지인데 누구한테는 고급 스펙이고 누구한테는 기본 소양이다. 조상님 보시기에는 어떨까. 꽤 좋아하실까.

헛기침만으로는 눈치가 보였던 걸까. 아버지는 몇 년 전 작은아버지와 나를 이끌고 설거지를 했다. 뒤처리는 남자들이 맡을 테니 여자들은 편히 쉬라며 너스레를 떨었다. 온갖 생색을 내며 설거지를 했지만 그해가 처음이자 마지막이었다.

내 친구의 부모님은 아버지가 어머니보다 요리를 더 잘한다. 휴가 나온 아들을 위해 구절판을 차려낸 일은 친구들 사이에서 전설로 통한다. 은퇴 후 반찬가게를 차린 그 아버지는 다른 식구들의 핀잔이 무서워 명절에는 손도 까딱하지 않는다. 평소 부엌 근처에는 얼씬거리지도 않던 어떤 남자는 명절날 유난을 떨며 설거지를 했고, 평소 요리를 도맡던 어떤 남자는 명절날 소파에 터를 잡고 앉아 과일까지 내오라 시켰다. 상황은 반대지만 근본은 같다. 여성의 가사노동은 일상이고 생활이지만, 남성의 가사노동은 행사이고 의식이다. 그래서 때로는 전시되고 때로는 은폐된다.

남자니까 잘 모르잖아요, 배워야죠

동기 중에 삼수한 누나가 있었다. 부산 출신인 그녀는 우리 형편에 어떻게 서울 유학을 보내느냐는 아버지의 반대로 지역의 국립대에 진학했다. 그럭저럭 정을 붙이고 다녔으나 이듬해 수능을 본 남동생이 경기도의 사립대에 입학하자 화를 참을 수 없어 다시 시험을 쳤다. 아버지는 공부 잘하는 자식 대신 아들로 태어난 자식에게 투자했다. 요즘 세상에도 그런 일이 있냐며 동기 남학생들이 탄식하는 찰나 여기저기서 증언이 쏟아졌다. 풍파 없이 서울로 온 여학생은 몇 없었다. 부모가 반대하지 않으면 조부모나 다른 친척이 나서서 훼방을 놨다. 딸이라서 동네를 벗어나지 못한 또 다른 친구들의 이야기가 끝도 없이 쏟아졌다.

새내기 딱지를 떼고 선배가 됐다. 지적 열등감을 느끼게 하는 똑똑한 후배들이 많았다. 이 사람 저 사람의 싸이월드 게시판(그렇다, 트위터나 페이스북이 아니다)을 자주 염탐했다. 쓰는 글마다 공유하게 만들던 똑똑한 남자 후배는 2학기 들어 페미니즘 학회에 가입했다. 책을 읽고 토론을 하고 대자보를 쓰고 영화를 본다고 했다. 여성인권영화제에 가려고 수업을 통째로 빠지기도 했다. 당시의 깜냥으로 남자가 페미니즘을 공부하는 걸 이해할 수 없었던 나는 여자도 아닌데 웬 페미니즘이냐는 질문을 던졌다. 후배가 답했다.

"남자니까 잘 모르잖아요, 배워야죠."

각성이 일었다. 후배의 말을 듣고 보니 나도 배워야 할 것 같다는 생각이 들었다. '모르니까 배워야죠' 그 말이 한동안 머리를 떠나지 않았다. 맞는 말이었다. 남의 일이라 무심할 수 있지만 남의 일이라 배울 수도 있었다.

페미니즘은 방대한 학문이었다. 수천 년 동안 이

어진 모순과 수백 년을 내려온 악습, 그리고 수십 년 동안 쌓인 지식이 있었다. 활자를 비롯한 그림, 영상, 증언 등 무수한 자료가 있었다. 배워야 할 이유를 찾았고 배울 수 있는 여유가 있었다. 도서관에서 페미니즘 책을 찾아 읽었고 페미니즘 잡지 〈이프〉를 챙겨 봤다. 겨울에는 근처 여대의 졸업작품전에 가서 페미니즘 영화를 봤다. 나는 참 무식하다는 생각을 반복해서 했다.

대학교 기숙사에서는 일곱 명의 과 후배와 함께 살았다. 타향살이의 자유와 고독을 공유하며 끈끈하게 지냈다. 후문 쪽 카페에서 밤 열 시까지 일하던 여자 후배는 기숙사로 돌아오는 길을 무서워했다. 어두운 골목을 지날 때면 다리가 후들거린다는 말에 남자들이 번갈아 마중을 나갔다. 내 차례이던 어느 날, 후배가 물어왔다.

"오빠는 무서운 거 없어?"

"음, 나는 귀신?"

"난 남자가 무서워. 특히 밤에 뒤따라오는 남자. 오빠도 앞에 여자가 걸어가면 멈췄다가 나중에 가."

"…"

달갑지 않았다. 나처럼 선량한 사람에게 왜 이런 소리를 하는지 이해하기 힘들었다. 요즘 남자들이 '우리를 잠재적 가해자로 취급하지 말라'고 화내는 것처럼 당시에는 나도 기분이 나빴다. 여자 뒤를 걷는 모든 남자가 범죄자는 아니지만, 앞서가는 여자는 뒤따라오는 모든 남자를 두려워한다. 남자 입장에서는 마음이 언짢겠지만, 여자 입장에서는 일단 경계가 합리적이다. 마음 졸이며 종종걸음을 치는 상황에서 뒤에 있는 남자가 경찰인지 연쇄살인범인지 종잡을 수 없는 노릇 아닌가. 두려우면 일단 피하고 보는 심리는 이빨도 발톱도 변변찮은 인류가 지금까지 살아남은 비결이기도 하다.

경찰청 통계에 따르면 대한민국 강력범죄 피해자 열 명 중 아홉 명이 여성이다.[*] 가해자도 피해자도 남성이 다수인 다른 나라들과 비교할 때 이례적인 수치다. 그래서인지 남자도 다른 남자를 잠재적 가해자

[*] 박혜림, "끊이지 않는 여성 잔혹死… 강력범죄 피해자 열 명 중 아홉 명은 여성", 〈헤럴드경제〉, 2015년 9월 15일.

로 취급할 때가 많다. 호신용 스프레이를 사 주는 마음, 술 마시고 정신을 잃을까 봐 걱정하는 마음, 밤늦게 택시를 탈 때 불안해하는 마음이 그렇다. 여동생-딸-아내가 늦게 들어오면 세상 무서운 줄 모른다고 화내는 오빠-아버지-남편도 마찬가지다. 그러니 '모든 남자가 잠재적 가해자는 아니다'라는 말은 사실 '나는 그런 사람이 아니다'라는 말이다. 오늘 밤에도 수만 명이 느낄 공포 앞에서 나만은 고결하다며 항변하는 태도가 온당할까. 나의 무결함을 증명할 시간과 에너지로 다른 이의 아픔을 들여다보는 건 어떨까. 흔들리는 배 위에서 혼자 중립을 지킬 수는 없는 노릇이니까. 개인인 나는 떳떳하더라도 구조적으로 남성인 나는 가해자일 수 있으니까.

기숙사의 또 다른 후배는 영화 평론가 심영섭의 팬이었다. 고1 때부터 그의 페미니즘 비평을 탐독하며 페미니즘에 일찍 눈을 떴다. 내가 페미니즘을 공부한다고 했더니 그 후배는 심영섭 평론가가 〈실미도〉에 대해 쓴 칼럼을 보여줬다. 〈실미도〉가 한국 영화 최초로 천만 관객을 돌파해 온 국민의 관심이 쏠리던 시기였다. '성녀-창녀' 프레임으로 작품의 여성상을 분석한 부분이 흥미로웠다. 영화에 등장하는 여성 인물은 한평생 희생하는 어머니와 강간당하는 간호사 둘뿐이었다. 남자에게 여자는 나를 돌보는 성聖스러운 여자와 어떻게 해볼 마음이 드는 성性스러운 여자 둘 중 하나라는 심영섭의 말에 무릎을 탁 쳤다.

천만 영화답게 관객의 감상평도 다양했다. 혹자는 거친 남성성에 열광했고, 혹자는 시대의 비극을 읽어냈다. 누구는 독재 권력의 잔혹함에 분노했고, 다른 누구는 조국의 분단에 비애를 느꼈다. 그러나 그 많고 많은 영화평 중 심영섭처럼 여성의 대상화를 지적한 사람은 찾기 힘들었다. 다른 친구들은 어떻게 생각할까 싶어 이야기를 꺼냈다가 호된 핀잔을 들었다. "간호사를 강간했던 인물은 총을 맞고 죽었잖아? 죽음만큼 강력한 징벌은 없고, 악을 처단했으니 여성이 불편함을 느낄 영화가 아니야." 논리적으로 반박하고 싶었지만 정리되지 않은 생각의 조각들만 나부꼈다. 그럴 만한 능력과 내공이 없었다.

'벡델 테스트'라는 영화 평가 지표가 있다. 1985년 미국의 그래픽노블 작가 앨리슨 벡델Alison Bechdel이 영화의 남성중심성을 계량하기 위해 고안한 것이다.

벡델 테스트의 항목은 세 가지다. 첫째, 이름을 가진 여성이 두 명 이상 나올 것. 둘째, 이들이 서로 대화할 것. 셋째, 남성과 관련되지 않은 대화 내용이 있을 것. 이 세 가지 기준을 만족해야 벡델 테스트를 통과할 수 있다. 2016년 백만 명 이상이 관람한 한국 영화 스물세 편 중 벡델 테스트를 통과한 영화는 일곱 편에 불과했다.* 〈실미도〉는 세 가지 중 하나라도 통과할 수 있는 영화였을까. 벡델 테스트의 존재를 알게 된 날, 영화 〈실미도〉와 함께 공부가 짧아 미처 대응하지 못했던 수많은 순간이 떠올랐다.

남고 시절, 한 선생님이 그랬다. "진정한 우정은 남자들끼리만 가능하다"라고. 텔레비전의 드라마에서도 자주 그런다. "남자와 여자 사이에 우정은 없다"라고. 임용된 첫 학교의 선배 교사들도 말했다. "여자는 내 여자 하나만 있으면 되니 남자 선배들에게 잘해"라고. 삼십대 중반이 된 지금, 나는 그 모든 말을 믿지 않는다. 꾸준히 연락하는 친구, 이따금씩 만나는 친

*   나원정·장성란, "2016 한국 영화 여성들, 안녕하십니까", 〈중앙일보〉, 2016년 12월 31일.

구, 경조사를 챙기는 친구 중에는 여성이 더 많다. 백명의 사람이 있으면 백 가지 특성이 있고 백 가지 종류의 관계가 있다. 내 경우 편견을 깨준 스승, 시야를 넓혀준 벗들은 대부분 여성들이었다. 벽을 치고 울타리를 두르면 배움의 기회를 잃는다. 일반화할 수 있는 사람이란 없다. 그것이 성별 이분법이라면 더더욱.

학생과 교사로 만났지만 이제는 동지

　2012년에 담임을 맡았던 학생들 중 A는 서브컬처*에 관심이 많았다. 정의감이 강하고 도덕성도 뛰어났다. 목소리를 낼 줄 아는 소신 있는 친구라 페미니즘을 반길 것 같았다. 그 친구에게 '내 인생의 책'인《페미니즘의 도전》을 선물했다. 예상대로 그 친구는 열혈 페미니스트가 되어 페미니스트 남자친구와 알콩달콩한 연애를 하고 있다. A가 대학에 들어가고 나서 삶에 고민이 생겼다며 연락을 해왔을 때는 목수정 작가

---

*　　어떤 사회의 지배적 문화와는 별도로 히피와 같은 특정 집단에서 생겨나 발전하는 독특한 문화.

의 《뼛속까지 자유롭고 치맛속까지 정치적인》을 추천
했다. 얼마 뒤 A는 그 책을 읽고 눈앞의 안개가 걷혔다
며, 역시 자신이 원하는 삶을 살아야겠다고 말했다. 우
리는 학생과 교사로 만났으나 이제는 같은 곳을 지향
하는 동지가 되었다. 지난해에도 올해에도 퀴어문화
축제에서 마주치는 A는 나를 뭉클하게 하는 친구다.

　　B는 눈빛이 유난히 반짝였다. 수줍음이 많아 몇
마디 나누지 못했지만 의외로 당찬 구석이 있었다. 모
의고사에 나온 시 〈작은 부엌 노래〉를 따로 오려둔 걸
보고 문정희 시인의 시집을 선물했더니 열심히 읽었다.
나중에 B는 〈그 많던 여학생들은 어디로 갔는가〉 〈딸
아, 연애를 해라〉 〈나의 아내〉 등의 시를 읽으며 페미
니스트 정체성을 확립했다고 말했다. 얼마 전에는 신
문에 실린 인터뷰를 보고 여전한 선생님이 반갑다며
장문의 메시지를 보내오기도 했다. 그때 받은 메시지
의 마지막 문장을 스마트폰 메모장에 담아두고 있다.
"길이 험해 힘들고 답답하시겠지만 지치지 마세요. 저
도 함께 걷고 있어요."

　　C는 나와 같은 '남페미'다. 나를 믿고 커밍아웃
을 해준 고마운 친구이기도 하다. 일찍부터 자신의 소

수자성을 자각한 C는 인권 감수성이 남달랐다. 고등학교 때부터 청소년 인권 단체 '아수나로'에 관심이 많아 소식지 〈요즘것들〉을 구독하기도 했다. 한동안 시를 읽던 C는 어느 순간부터 시를 쓰기 시작하더니, 얼마 지나지 않아 상을 타기 시작했다. 대학생이 된 C는 지역에서 페미니즘 모임을 꾸려 활동하고 있다. 책을 읽고 토론하는 데 그치지 않고 직접 행동을 계획 중이라 한다. SNS에서도 열심인 C는 댓글 전쟁에 자주 참여한다. 점점 더 탄탄해지는 논리와 갈수록 깊어지는 공력으로 이름 모를 동지들에게 화끈한 지원을 퍼붓는다. 청출어람청어람靑出於藍靑於藍을 이런 데서 느낄 줄이야.

3장 선생님, 혹시 주말에 강남역 다녀오셨어요?

내가 침묵하지 않았더라면

몇 년 전 근무했던 학교는 학력 수준이 무척 높은 곳이었다. 학교 차원에서 신문 기사로 읽기 자료를 만들었고, 교과서 외의 텍스트를 수업에 활용하는 것도 적극 장려했다. 지적 욕구가 왕성한 학생들을 위해 나도 여기저기서 글을 퍼 날랐다. 페미니즘 분야의 글도 종종 다뤘는데, 〈일다〉의 글을 가장 많이 활용했다. 여학생 반에서는 제법 반응이 좋았지만 남학생 반에서는 이따금 볼멘소리가 나왔다. 세상에는 우리가 모르는 논점과 시각이 많으니, 불편하더라도 마주해야 한다고 생각해 무작정 밀고 나갔다. 안이한 생각이라는 걸 그때는 몰랐다.

2013년 7월, '남성 인권 단체'를 표방했던 남성연대 대표 성재기가 사망했다. 운영자금을 모으기 위해 한강에 뛰어드는 퍼포먼스를 하다가 일어난 일이었다. 그의 사망은 역차별을 당한다고 생각해온 남성들의 분노에 불을 붙였다. 성재기의 생전 발언이 담긴 영상이 빠르게 공유되었고, 분위기는 추모에서 추앙으로 바뀌었다. 그를 전태일과 비교하는 사람도 나타나기 시작했다.

성재기를 어떻게 전태일에 빗댈 수 있냐고, 열사를 모독하지 말라는 글을 페이스북에 올렸다. 그의 주장이 얼마나 허무맹랑했는지 지적했고, 그의 현실 인식이 얼마나 시대착오적인지 비판했다. 그러자 평소 성재기를 추종해온 남학생들이 댓글을 달기 시작했다. 그동안 내가 했던 말, 학교에서 다룬 글 때문에 느낀 불편함과 불만을 한꺼번에 쏟아냈다. 나도 감정이 격앙돼 날 선 문장으로 꼬박꼬박 응수했다.

다음 날부터 그 반에 들어가는 게 괴로웠다. 열 명 가까운 학생들이 수업에 어떤 반응도 보이지 않았다. 쥐 죽은 듯 고요한 침묵이 연말까지 이어졌다. 그 해 학생들의 교원 평가 주관식 설문은 욕으로 초토화됐다. 그 아이들과는 졸업 때까지 불편한 관계로 지냈다. 몇 달 동안 우울하고 답답했다. 교실에서 페미니즘 얘기를 안 하기 시작했고 책도 잘 읽지 않았다. 여고로 옮겨서도 움츠러들어 목소리를 내지 못했다. 2016년 5월 17일까지 3년을 그렇게 살았다.

2016년 5월 17일은 강남역 살인사건이 일어난 날이었다. 충격적인 사건이었다. 범인은 공용 화장실에 들어온 여섯 명의 남성을 그냥 보낸 뒤, 일곱 번째

이자 첫 번째로 들어온 여성을 살해했다. 검거된 그는 여자들이 자신을 무시해서 그랬다고 답했지만, 수사가 진행되자 그를 무시한 건 여자만이 아니라는 사실이 드러났다. 그는 남자가 무시하는 건 참을 수 있었지만 여자가 무시하는 건 견딜 수 없었다. 여성을 자신보다 열등한 존재로 여겼기 때문이 아닐까. 나도 교실에서 무심코 여성을 대상화하는 농담을 한 적이 있는데, 범인의 학창 시절에도 그런 교사가 있지 않았을까. 여성을 비하하는 친구, 여성을 성적 대상으로만 묘사하는 친구가 있지 않았을까. 비슷한 경험이 차곡차곡 쌓여 왜곡된 관념을 갖게 된 게 아닐까.

주말에 있었던 추모 행진을 함께하려고 강남역 10번 출구를 찾았다. 헤아리기 힘들 만큼 많은 사람들이 눈물을 흘리고, 꽃을 놓고, 글을 쓰고 있었다. 숙연한 그곳에서 한쪽만 유난히 소란스러웠다. '일간베스트(이하 일베)' 회원 이십여 명이 모인 곳이었다. 뭐가 마음에 안 들었을까. 그들은 피식피식 웃으며 피해자를 추모하는 사람들을 조롱했다. 사진을 찍고, 소리를 지르고, 실시간 방송을 했다. 나가달라는 주최 측의 부탁을 '우리도 추모하러 왔다'며 거절했다. 대치가 길어지자 양쪽 대표가 만났다.

"지금 분위기는 진정한 추모가 아니에요. 남자를 욕하는 자리로 변질됐잖아요. 저흰 그걸 지적하러 온 거예요."

"진정한 추모가 뭔데요?"

"조용히 고인의 명복을 빌고 슬퍼해야죠."

그들의 요구는 수동적이고 소극적인 피해자상이었다. 수구 언론에서 세월호 유가족을 비난하던 프레임과 똑같았다. 피해자는 그저 무기력하게 슬퍼할 뿐 분노하지도 진상 규명을 요구하지도 말라던 그대로였다.

양쪽 모두 목소리가 커졌다. 소리를 지르다 지쳐 우는 사람도 있었다. 곧 충돌할 것 같은데도 경찰은 구경만 했다. 참다못해 책임자로 보이는 사람에게 가서 물었다. 일베는 여기 있으면 안 되지 않느냐고. 그는 고개를 가로저었다.

"위법행위를 하기 전까지는 저희도 어쩔 수 없습니다."

화가 났지만 어떻게 할 방도가 없었다. 수백 명의 추모객이 글을 쓰고, 눈물을 흘리고, 꽃을 올리고,

행진을 마칠 때까지 일베 회원들은 강남역을 떠나지 않았다.

불쾌감을 가득 안고 강릉으로 돌아왔다. 며칠 뒤 우리 반 학생이 물어왔다. 선생님 혹시 주말에 강남역 갔다 왔냐고. 유튜브에서 선생님 얼굴을 봤다는 애가 있다고. 다른 반 애들이 선생님 보고 '메갈'이라 그런 다고. 가슴이 쿵 내려앉았다. 올 것이 왔구나 싶었다.

왜 여혐범죄라고 말을 못해?

강남역 살인사건 자체에도 기함했지만, 이후 과 정은 더 충격적이었다. 어떤 언론은 범인의 이력을 언급하며 그를 변호하려는 태도를 보였다. 신학을 공부해 성직자의 길을 걷고자 했던 사람이었으나 여성에게 무시당해 피해의식이 생겼다며 동정을 내비쳤다. 다수 남성들이 보인 반응은 그보다 더 경악스러웠다. 그들은 '내가 죽을 수도 있었다'는 여성들의 공포에 공감하지 못했다. 선량한 남성들을 잠재적 가해자로 취급한다며 오히려 화를 내고 있었다. 너무 부끄러웠다. 내가 더 말했어야 하는데. 거기서 멈추면 안 됐는데. 나와 함께 공부했던 학생들 중에도 지금 이들과 비슷하게 생각하는 친구가 있을 텐데. 그런 생각들이 반복됐다. 나도 가해자라는 생각이 들었다.

이해할 수 없는 말들이 꼬리에 꼬리를 물었다. 경찰은 사건 발생 하루 만에 '조현병에 의한 묻지마 살인'으로 결론을 내렸다. '여자들이 무시해서 죽였다'는 범인의 일관된 진술은 조현병을 이유로 기각됐다. 그렇게 조현병은 잔혹한 범죄를 저지르게 하는 동기임과 동시에 일관된 진술을 기각할 수 있는 근거가 됐다. 범인은 A라는 이유 때문에 살인을 저질렀지만 그 범인의 진술을 A라는 이유 때문에 믿을 수 없다니. 다른 모든 논의를 원천적으로 봉쇄하는 궤변이었다.

그들의 이중잣대를 비꼬는 글을 쓰며 키보드를 두들기는 내내 입 닫고 살았던 시간에 회한이 밀려왔다. 격한 감정이 고스란히 담긴 글을 누군가 캡처해 페이스북 페이지 '유머저장소'에 보냈다. 이름과 프로필 사진이 공개된 채로 글이 올라가 개인 메시지로 수십 개의 욕이 쏟아졌다. 쏟아지는 욕설에 일일이 답했다. 그렇게라도 해야 침묵했던 과거의 나를 덜 원망할 것 같았다. 내 답변은 다시 캡처되어 페이지의 해당 게시

글에 댓글로 올라갔다. 날 비웃고 욕하는 댓글들 사이에서 성재기 논쟁으로 얼굴을 붉혔던 학생의 이름도 발견했다.

소아정신과 의사 서천석은 조현병이 시대의 흐름을 반영한다는 주장을 내놓았다. 권위주의 독재 시절에는 중앙정보부가, 2000년대 이후로는 삼성이 망상의 주요 소재가 되었다는 사실을 근거로 들었다. 강남역 살인사건은 여성혐오가 정신질환의 증상으로 발전하는 징후적 사건이므로 심각성을 인식하고 구조적 개혁과 의식 변화를 검토해야 한다고 했다. 그러나 그의 주장은 묵살됐다.

의심이 생겼다. '일이 커질까 봐 대충 덮으려는 건가?' 어떤 백인이 화장실에 숨어 있다가 동양인을 살해했다면, 여섯 명의 백인을 그냥 보내고 처음으로 들어온 동양인을 살해했다면, 그리고 동양인이 나를 무시해서 죽인 거라 답했다면, 그에게 조현병이 있으니 동양인 혐오범죄가 아니라고 했을까. 아직 한국에서는 혐오범죄가 인정된 바 없으니 논란의 중심에 서고 싶지 않았던 게 아닐까. '여성혐오 살인사건'으로 명명한 뒤 벌어질 일들을 감당할 자신이 없었던 건 아닐까. 자꾸 그런 생각이 들었다.

정신질환자의 '묻지마 살인사건'으로 결론짓는
다면? 피의자 처벌로 사건은 종결된다. 사회가 기울여
야 할 더 이상의 노력은 없다. 조현병 환자를 좀 더 주
의 깊게 관리하는 정도가 최대일 것이다. 실제로 강남
역 살인사건 이후가 그랬다. '여성혐오 살인사건'으로
결론짓는다면? 수많은 일이 뒤따라야 한다. 텔레비전
에서는 여성혐오를 주제로 토론이 벌어질 것이고, 각
계각층의 의견을 듣는 공청회가 열릴 것이다. 대국민
의견 수렴을 위한 채널이 개설되고, 유관 기관장들이
모여 대책 회의를 열 것이다. 전문가 집단에 연구 용역
을 맡겨 현실을 진단하고, 부처마다 공문을 보내 산하
단체 실태 조사를 할 것이다. 국회에서는 성차별 금지
법안이 쏟아질 것이고, 국회입법조사처는 현행법 조
항의 위법요소를 면밀히 따져볼 것이다. 기업은 채용,
승진, 급여 등의 인사에 문제점이 없는지 자체 단속을
실시하고, 교육계에서는 성평등 교육과 성인지 교육
을 초중등 교육 과정에 반영하자는 주장을 진지하게
검토해야 할 것이다.

사회적으로 큰 충격을 준 사건 뒤에는 위와 같은

일들이 이어졌다. 정책을 입안하고 추진하는 사람에게는 귀찮고 번거로운 일이겠지만 안전하고 좋은 사회를 만드는 데 기여하는 과정이기도 하다. 담당자는 자신의 판단에 따라 사회적으로 큰 파장이 일어날까 봐 두려웠던 게 아닐까? 나는 몇몇 사람들의 보신주의 때문에 성평등 사회를 십 년 이상 앞당길 수 있는 기회를 놓쳤다고 생각한다. 일반인보다 범죄율이 열 배 이상 낮은 조현병 환자들만 애꿎은 탄압을 당했다.*

동지는 간데없고 일베 깃발만 나부껴

　기괴한 일이 끊이지 않았다. 게임회사 '넥슨'의 성우는 페이스북 페이지 '메갈리아4'를 후원하는 티셔츠를 사서 인증했다가 계약을 해지당했다. 정의당 문화예술위원회는 노동권 침해의 관점에서 이 사건을 비판했으나 '메갈을 감싼다'는 당원들의 거센 항의와 함께 집단 탈당 포화를 맞았다. 빅데이터에 기반해 남

---

*　대검찰청의 2011년 〈범죄분석〉 보고서에 따르면 조현병 환자의 범죄율(0.08퍼센트)은 비조현병 환자의 범죄율(1.2퍼센트)의 15분의 1에 불과하다.

성들의 분노 심리를 분석한 〈시사IN〉은 대규모 절독 사태를 겪었다. 마녀사냥 중단을 요청한 여러 진보 언론이 곤욕을 치렀다. 믿었던 〈한겨레〉가, 〈경향신문〉이, 〈시사IN〉이, 〈오마이뉴스〉가, 〈프레시안〉이 그럴 줄 몰랐다는 남성들의 악다구니가 끊이지 않았다. 사회적 의제에 진보적이고 다원적인 태도를 보이던 이들이, 약자의 아픔에 공감하며 각계각층의 사람들과 연대하던 이들이 그러고 있었다.

지금껏 이념과 사상을 공유했던 이들이 우리 사회의 여성혐오를 지적하고 페미니즘의 필요성을 말하고 있다면 '믿었던 ○○마저 그럴 줄 몰랐다'며 구독을 해지하고 지지를 철회할 게 아니라, 어쩌면 내가 틀린 건 아닌지 성찰해보는 게 자연스러운 반응 아닌가. 그게 그렇게 어려운 일인가. 그 정도의 자기 객관화도 안 되는 사람들이었나. 그럼 지금껏 보여줬던 문제의식과 비판적 사고는 단지 경제적 기득권에 속하지 않아서 그랬단 말인가. 주위를 둘러보니 동지는 간데없고 일베 깃발만 나부끼는 상황, 정녕 그걸 원했단 말인가.

"요즘 젊은이들은 열정이 없어. 고생을 안 해봐서 끈기도 없어. 세상일 쉬운 게 어디 있어. 취업하고 싶으면 좀 더 노력해야지." 기성세대의 그런 말에는 득달같이 달려들던 사람들이 "여자들 일하는 거 보면 적극성이 없어. 군대를 안 갔다 와서 인내심도 없고. 하고 싶은 것만 하고 어떻게 살아? 야근도 하고 회식도 가야지. 그러니까 여자들이 승진을 못하는 거야"라고 말하고 있었다. "내가 젊었을 때는 말이야…" 하며 장광설을 늘어놓는 상사에게 '꼰대'의 칭호를 붙였던 이들이 "여자로 살기 참 좋은 세상이다. 옛날 같았으면…" 하며 과거를 소환하고 있었다.

다른 면에서 진보적 가치를 견지하는 사람이 여성 인권만 탄압하는 경우는 어떻게 이해해야 할까. 마르크스를 모르면서 자본주의를 비판하는 게 창피한 일이라면, 시몬 드 보부아르를 모르면서 페미니즘을 비판하는 것도 부끄러운 일이 아닐까. 자기가 누리는 무형의 이득은 알기 어렵지만, 선택적 옹호는 낯 뜨거운 일이다. 일관성을 유지하든가 그냥 입을 다물고 있든가 둘 중 하나만 해야 하지 않을까.

태어날 때부터 투사인 사람은 없다. 미치도록 억울한 일을 당했는데 누구 하나 알아주지 않을 때, 더없이 순했던 사람도 투사가 된다. 성주 군민들은 사드 배치에 맞서 싸우면서 5.18 유족과 세월호 유가족의 아픔을 깨달았다고 말했다. 왜곡된 보도와 거짓 선전, 정부 당국의 이간질에 '저들도 이렇게 당했구나' 하는 연민을 느꼈다고 했다.

대한민국에 여성혐오가 어디 있냐며, 이제는 남자가 더 살기 힘든 시대라 주장하는 남자들이 많다. 그런 분들 다 같이 모여 러시아 한번 가보시면 좋겠다. 늦은 밤 길거리를 누비다 생명의 위협을 느껴보도록. 현지인 친구에게 인종차별 때문에 밖에 나가기가 무섭다는 하소연을 했다가 '요즘 세상에 인종차별이 어디 있냐'는 핀잔을 들어보도록. 모든 백인이 그런 건 아니니 일반화하지 말라고, 자신을 욕하는 것 같아 기분 나쁘다는 친구의 말을 들으면, 그럼, 아니 그래야만 당신도 여성들의 공포와 분노에 공감할 수 있을까?

대한민국에서 여성으로 산다는 것

추석에 만난 할아버지는 살짝 불러온 손자며느리의 배를 보며 말했다.

"아들을 낳아야 한다. 그래야 나 죽고 나서 제사

지닐 사람이 있지."

아버지가 옆에서 거든다.

"딸이면 마음대로 이름을 지어도 되지만, 아들이면 꼭 돌림자를 써야 한다."

작은아버지가 핀잔을 주며 한마디 보탠다.

"거참 뭘 모르시네. 요즘은 딸을 낳아야 말년에 대접받아요."

집안 어른 세 분께 연달아 펀치를 맞으니 어질어질했다. 그들에게 아들은 가계를 유지하는 순수 혈통이지만, 딸은 늙은 부모를 봉양하는 간병인쯤이었다. 최근에는 딸을 선호하는 부부가 더 많다며 인식이 달라졌다고 하지만, '비행기 태워주는 것은 딸이다' '늙어 부모 보살피는 건 딸뿐이다'라는 말처럼 봉양과 대접을 기대하고 딸을 낳으려는 심리는 수천 년간 이어져온 여성 착취의 역사와 맥을 같이한다. 연간 만 명 이상의 아이가 딸이라는 이유만으로 태어나지 못했던 시대로부터 30년도 지나지 않았다.

여자아이는 출생 전부터 차분함과 순종을 요구받는다. 그것 말고는 범띠 딸, 용띠 딸을 망설이는 정서를 설명할 수 없다. 행동거지에도 강한 통제가 따라

붙는다. 남자아이가 장난을 치거나 격한 놀이를 하면 '남자애들은 그러면서 크는 거'라고 수용하지만, 여자아이가 비슷한 행동을 하면 '여자애가 조심성이 없다'며 교정을 시도한다. '골목대장'은 여자아이를 뜻하지 않고 '왈가닥'은 남자아이를 의미하지 않는다.

학교는 더 넓고 더 구체적으로 여자아이를 제약한다. 목소리가 너무 크다, 너무 드세다, 그렇게 앉으면 안 된다, 그런 옷 입으면 안 된다, 그렇게 화장하면 안 된다, 너무 잘 웃어도 안 되고 너무 안 웃어도 안 된다, 남자를 무시하거나 이기려고 해도 안 된다, 남자애들이 괴롭히는 건 호감의 표현이니 참고 이해해야 한다 등…. 아들이 설거지를 하면 뭐 이런 걸 하느냐며 공부나 하라지만, 딸이 설거지를 하면 '엄마 일'을 잘 도와준다며 우리 딸 효녀라고 한다. 여동생 밥, 누나밥 챙겨주라고 아들에게 전화하는 부모보다 남동생밥, 오빠 밥 차려주라고 딸에게 전화하는 부모가 수백 배는 많을 것이다.

똑같이 교복을 입어도 복장 규제는 훨씬 까다롭다. 치마는 짧으면 안 되고 셔츠는 붙으면 안 된다. 브래지어를 꼭 착용해야 하지만 브래지어 자국이 보이면 안 되므로 속옷 하나를 더 입어야 한다. 행여나 남자아이들을 자극하면 큰일이기 때문이다!

교내 연애를 해도 행실과 몸가짐을 단속당하는 건 여학생이다. 사귀다 헤어지면 구설에 오르는 건 여자라며 알아서 조심하라는 걱정 반 협박 반 서비스를 제공한다. '여자 직업으로는 ○○만 한 게 없다'며 진로 선택의 범위를 대폭 좁힌다. 내가 중학생 때 만난 학원 선생님은 '여자는 공부와 취업 말고도 결혼이라는 찬스가 한 번 더 있지만, 너희는 그런 거 없으니 열심히 공부하라'고 남학생들을 독려(?)했다. 거기다 위트랍시고 '여자 인생에서 제일 중요한 판단은 누가 내 팬티를 벗기게 할지 결정하는 것'이라는 말을 덧붙였다. 개념이 없던 나는 그걸 재미있다고 웃고 있었다.

딸은 제아무리 공부를 잘해도 고향을 뜨기 어렵다. 운이 좋아 객지로 진학하더라도 자취는 금물, 무조건 기숙사다. 집에서 통학하면 아들에게는 없는 통금 시간이 생긴다. 행여 외박이라도 한다면? 아버지가 눈에 넣을 흙을 찾으러 모종삽을 들고 나설 것이다. 선배가 주는 술은 마셔야 하지만 정신을 잃는 건 절대 금물이다. 한국에서는 '제 몸 하나 건사하지 못하는 사람'

의 책임이 제일 크기 때문이다. 한 잔만 마시고 잽싸게 일어나는 건 자유지만, 옆에 있으면 성희롱, 옆에 없으면 안줏거리이니 도긴개긴이다. 자유로운 성적 주체를 권장하는 목소리와 정숙하고 순결한 여성을 요구하는 목소리가 시시각각 겹친다. 분명 같은 방송국인데 뉴스에서는 성 상품화를 지탄하고 예능방송에서는 여성의 몸을 훑는다.

취업시장에서는 '남자가 스펙'이다. 남성 고용시장이 얼음이면 여성은 드라이아이스다. 고생 끝에 취업해도 승진이 힘들다. 하위직에는 여자가 적지 않은데, 과장급만 되어도 죄다 남자 판이다. 여자 친구들은 회사에 롤 모델로 삼을 여자 상사가 없다고 입을 모아 말한 뒤, 여자 상사 자체가 없다는 말에 더 크게 고개를 주억거린다. 지체 높은 임원들께서는 여자들이 열심히 안 한다고 툴툴대지만, 미래가 뻔히 보이는 조직에 충성할 이유가 무엇일까? 본선 진출도 없는 예선에 사력을 다할 이유가?

'백년손님' 사위와 '몸종' 며느리가 부부라니 결혼은 불길하고, 주위에서 한마디씩 보태니 비혼은 불안하다. 해도 후회 안 해도 후회라면 '효도'하는 쪽을

택하기로 한다. 좋은 판단이었을까? 뭐든 잘하던 남자 친구가 뭐든 안 하는 남편으로 변신하는 둔갑술은 홍길동 못지않고, 아들 대신 며느리에게 안부 전화를 요구하는 시어머니는 경포바다 모래알만큼 많다.

여성에게 출산은 일생일대의 고민이다. 직장에 계속 다닐 수 있을까, 회사에 있는 동안 아이를 돌봐줄 사람은 있을까, 좋은 엄마가 될 수 있을까. 존재가 흔들리는 와중에 남편은 큰소리를 친다. "낳아만 주면 내가 다 키울게!" 뉴스에서는 수시로 저출산, 고령화, 저출산, 고령화를 외친다. 저, 고, 저, 고! 이대로 가면 2750년에 대한민국이 소멸된다니 내 잘못인가 싶지만, 계산해보니 통일신라 백성이 조선왕조 망할까 봐 걱정하는 꼴이다.

엄마는 사방에 미안하다. 일하려고 야근하면 '독한 년'이 되고 애가 아파 조퇴하면 '민폐녀'가 된다. 아이를 어린이집에 맡기고 가는 길은 선악과를 떠올리게 하는 원죄의 시간이다. 맞벌이 부부지만 육아와 가사는 독박이 기본값이다. 유치원에서는 '엄마표 도시락'을 요구하고, 초등학교에서는 '녹색어머니회' 당번 날짜를 알려온다. 결국 '가족을 위해서는 이게 최선'

이라는 생각으로 직장을 그만둔다.

조증과 울증을 넘나드는 중학생 아이를 혼자 컨
트롤하는 건 불가능에 가깝고, 애가 고등학생이면 엄
마도 고등학생이 되길 요구받는다. 학원 정보에 빠삭
해야 좋은 엄마라지만 남편 외벌이로 사교육비까지
감당하는 건 버겁다. 10년 전 경력이 인정될 리 없으
니 재취업은 엄두가 안 난다. 욕심내지 말고 학원비만
벌어보자. 그렇게 수많은 엄마들이 저숙련·저임금
노동자가 된다.

장성한 아이는 곁을 떠난다. 텅 빈 집에 혼자 있
으니 우울하다. 정신없이 살아온 지난 인생이 꿈같다.
아이 없는 나는 바보가 된 것 같고, 한때 사랑했던 남
편은 남처럼 낯설다. 하릴없이 텔레비전을 보거나 집
근처를 배회한다. 아프기 쉬운 때지만 절대 아파서는
안 된다. 아픈 남편 간병하는 아내는 많아도, 아픈 아
내 간병하는 남편은 드물다. 남성 암 환자는 97퍼센트
가 아내의 간병을 받지만, 여성 암 환자를 간병하는 남
편은 28퍼센트에 불과하다.* 간병만 안 하면 양반이다.

• 　신성식 외, "더 서러운 여성 암 환자… 아내가 남편 수발 97퍼센
트, 남편이 아내 간병 28퍼센트", 〈중앙일보〉, 2014년 4월 14일.

여성 암 환자의 이혼율은 남성 암 환자의 네 배다.[*]

남자에겐 관대하게 여자에겐 엄격하게

아이돌 그룹 AOA의 멤버 설현과 지민은 안중근 의사의 얼굴을 모른다는 이유로 폭주한 비난에 눈물을 흘리며 사과했으나, 무지를 개그 소재로 삼아온 수많은 남자 연예인들은 비슷한 일을 겪은 적이 없다. 남자 연예인은 성범죄를 저질러도 몇 달 뒤면 방송에 나오지만, 여자 연예인은 성범죄의 피해자가 되어도 몇 년간 자숙한다.

같은 기자가 기사를 써도 피의자가 여성이면 '여 승객'이지만 피의자가 남성이면 그냥 '승객'이다. 제목에 접두사 '여-'를 붙이면 클릭 수가 높아져 트래픽 장사가 된다. 여성에게만 높은 도덕성을 요구하는 비뚤어진 문화, 여성을 대상화하고 욕하는 걸 즐기는 일그러진 사회 분위기 때문이다. '여승객' 기사의 댓글

● "여성 암 환자 이혼율, 남성 암 환자의 네 배", YTN 뉴스, 2014년 4월 14일.

에는 피의자를 성적으로 모욕하는 욕설이 가득하다. '정숙'의 잣대를 들이대며 '여성으로서의' 바른 행실을 이야기한다.

아이는 엄마가 키워야 한다며 아내에게 육아를 떠넘기지만, 직장에서 여자 동료가 육아휴직을 내면 이기적이라고 비난하는 남자들 여럿 봤다. 우리 집 청소, 빨래, 설거지는 아내가 다 해야 하지만 우리 부서 여직원의 퇴근이 빠른 건 기분 나쁘다는 남자들 많이 봤다. 학교에 여교사가 많아 남자아이들의 '올바른' 성역할 학습이 우려되지만, 집에서 엄마만 아이를 돌보는 건 남자아이 교육과 아무 상관없다는 남자들 엄청 봤다.

남자만 군대 가는 병역법은 남자가 만들었는데, 욕은 여자가 먹는다. '홀수 번호만 청소하라'고 지시한 담임 대신 청소에서 면제된 짝수 번호를 미워하는 꼴이다. '남자답게' '남자가 쪼잔하게' '남자가 우냐?'와 같은 말로 남성성을 자극하고 남성성의 스펙트럼을 좁히는 쪽도 대개 남자들이다. 가부장제와 호모소셜은 남자라면 모름지기 처자식이 있어야 하며, 그들을 부양할 능력이 있어야 한다는 신화를 만들었다. 남성이 느끼는 경제력 부담은 가부장제에서 출발했는데 분노한 남성들의 공격은 여성을 향한다.

피해자에게 따지는 한국 사회

대학에서 일어나는 성범죄는 가해자 네 명 중 한 명이 교수다. 피해자는 열 명 중 여덟 명이 학생이다. 학생에 비해 교수가 소수인 걸 감안하면 교수 가해자 비율이 무척 높은 셈이다.[*] 다시 말해 성범죄는 권력 관계에서 일어나는 범죄다. 실수였다는 말, 충동적으로 저질렀다는 말은 거짓말이다. 술에 취해 사장 뺨을 때리는 사원은 없고, 이사장의 딸을 더듬거리는 교장은 없다. 그런데도 여성에게 조심할 것을 당부하고 책임을 묻는다.

폭력 사건 피해자가 합의금을 받으면 신체적·정신적 피해를 배상받은 것이지만, 성폭력 사건 피해자가 합의금을 받으면 처음부터 돈을 노리고 접근한 꽃

[*] "너 학점은… '교수와 女제자' 성범죄 충격 실태", 〈중앙일보〉, 2012년 12월 8일.

뱀으로 취급한다. 유흥업소에서 일하는 사람은 성폭력 피해자가 될 수 없다고 생각하는 사람도 많다. 진지하게 묻고 싶다. 그럼 격투기 도장에서 스파링하는 사람은 길 가다 얻어맞아도 폭력 사건 피해자가 될 수 없는 거냐고.

성폭력을 저질러도 만취 상태였거나, 우울증이 있거나, 나이가 어리거나, 우발적이거나, 폭행이 없었거나, 잘못을 깊이 뉘우치면 감형 찬스를 쓸 수 있다. 심지어 대학생이라서 감형된 사람도 있다. 만취한 여성을 DVD방으로 데려가 강간한 남성은 대학생이고 초범이라 집행유예를 받았다. 호수공원 주변을 서성이며 성추행과 강간을 시도하다 잡힌 남성은 조울증이라 집행유예를 받았다. 여자 화장실에 침입해 강간과 동영상 촬영까지 한 남성은 만취 상태라 집행유예를 받았다. 세상을 떠들썩하게 했던 조두순은 범행 전 술을 마신 덕에 심신미약 카드를 얻어 2020년이면 만기 출소한다.

여성가족부에서 실시한 〈2016년도 전국 성폭력 실태 조사〉를 보면 남성 응답자의 55.2퍼센트가 '여자들이 조심하면 성폭력을 줄일 수 있다'고 답했다. 우리는 물건을 잃어버린 사람에게 왜 잃어버릴 짓을 했냐고 몰아세우지 않는다. 길 가다 맞은 사람에게 왜 맞을 짓을 했냐고 힐난하지 않는다. 살인, 방화, 강도, 사기, 협박 등 어떤 범죄도 피해자에게 '왜 조심하지 않았냐'고 따져 묻지 않는다. 오직 성범죄 피해자에게만 왜 옷을 그렇게 입었냐고, 왜 화장을 그렇게 했냐고, 왜 그 늦은 시간에 귀가했냐고, 왜 술을 마셨냐고, 왜 혼자 다녔냐고, 왜 저항하지 않았냐고 따진다.

통계로 보는 한국 여성의 삶

지하철 노약자석 앞에서 역차별 운운하는 사람은 없다. 장애인 전용 주차장 때문에 비장애인이 차별받는다고 말하는 사람도 드물다. 어린아이의 교통 요금이 성인보다 저렴한 것도 이해한다. 저소득층에게 금전 지원을 하는 것도 수긍한다. 그들이 사회적 약자임을 인정하기 때문이다. 그런데 2030 비혼 남성의 57.6퍼센트는 한국에서 남성이 차별받는다고 생각한다.*

* "2030 남성보고서 그 남자, 왜 그녀에게 등을 돌렸는가", MBC 〈PD수첩〉, 1049회, 2015년 8월 4일.

이들은 여성이 사회적 약자라는 데 동의하지 못한다. 주변에 잘난 여자가 너무 많고, 예쁜 여자들은 편하게 사는 것처럼 보이기 때문이다. 명심하자. 사회의 수준은 예외가 아니라 평균이 결정한다. 여성으로 사는 게 얼마나 개떡 같은 일인지 데이터가 증명한다. 숫자가 너무 많아 어지러울 수 있지만 이해해달라. 이렇게 안 하면 안 믿을 것 같아서 그렇다.

2016년 한국의 성별 임금 격차는 36.7퍼센트다. 남성이 월 100만 원을 받을 때 여성은 63만 원을 받는다. OECD가 조사를 시작한 2000년 이래 한 번도 1위를 놓치지 않았다. OECD 평균보다 두 배 이상 높은 수치고, 2위인 일본보다 10퍼센트 이상 높은 압도적 1위다. 통계청 자료에 따르면 삼사십대 구간에서 임금 격차가 급격히 증가한다. 직장 내 유리천장●과 결혼, 출산, 육아로 인한 경력단절이 주요 원인으로 꼽힌다. 여성의 경제활동 참가율은 출산기에 감소했다가 자녀

●　　형식적으로는 남녀가 평등하고 동등한 기회를 부여받고 있는 것 같지만, 윗자리로 올라갈수록 보이지 않는 벽이 가로막고 있는 것처럼 여성의 지위 상승이 어려운 현실을 표현하는 말이다. 투명한 유리로 된 천장이라 직접 부딪히기 전까지는 있는 줄 모른다는 의미를 포함하고 있다.

성장에 따라 다시 증가하는 M자 형태를 보이는데, 재취업의 경우 기존 경력을 살리지 못해 단순 직무에 투입되는 경우가 대부분이기 때문이다. 사회적으로 풀어야 할 문제다.

중소벤처기업부의 자료에 따르면 2016년 기준 대기업과 중소기업의 상용근로자 임금 차이는 37.1퍼센트다. 성별 임금 격차 36.7퍼센트와 거의 같은 수준이다. 남성과 여성은 대기업과 중소기업만큼 임금 차이가 난다. 문재인 대통령은 야당 대표 시절부터 노동 시장 양극화 문제를 수차례 지적하며 강한 해결 의지를 드러냈다. 정부는 성별 임금 격차 해소에도 심혈을 기울여야 한다. 임금의 차이는 결국 계급의 차이로 이어진다.

세계경제포럼에서 해마다 발표하는 성격차지수(GGI)에서 한국은 2016년 기준 144개국 중 116위를 차지했다. 2015년 115위, 2014년 117위, 2013년 111위로 줄곧 하위권을 지키고 있다. 성격차지수는 경제·교육·건강·정치 네 분야에서 같은 국가 남성을 기준점으로 삼아 여성의 위치를 가늠한다. 상대적 수치를 반영하므로 다른 나라 여성과 비교했을 때는 높더라도 자국 남성의 권익 수준과의 비교에 따라 순위가 낮게 나올 수 있다. 1인당 GDP가 750달러에 불과한 르완다가 해마다 상위권을 차지하는 이유다.

어떤 남성들은 유엔개발계획이 발표하는 성불평등지수(GII)로 이 순위를 반박한다. 성불평등지수로 보는 한국은 2015년 기준 155개국 중 10위로 세계적인 성평등 국가다. 왜 그럴까? 유엔개발계획은 개발도상국의 개발 및 원조 사업을 지원하기 위해 설립된 기구다. 이들은 국회의원 비율, 고등교육 비율, 경제활동참가율 외에도 산모 사망률과 청소년 출산율처럼 경제 약소국에서 문제가 될 수 있는 지표를 반영한다. 한국여성정책연구원의 분석 결과 한국의 높은 성불평등지수 순위는 기록적으로 낮은 산모 사망률(10만 명당 11명)과 청소년 출산율(1,000명당 1.6명)에 힘입은 것으로 나타났다. 경제 규모 세계 11위 한국과 성불평등지수는 영 어색한 관계다.

영국 주간지 〈이코노미스트〉가 발표한 유리천장지수에서 한국은 2016년 기준 100점 만점에 25점을 받아 29개 조사 대상국 가운데 최하위를 기록했다. 4년 연속 꼴찌로, 성불평등이 심하기로 유명한 일본,

국민 대부분이 이슬람교 신자인 터키보다 낮은 순위다. 〈이코노미스트〉에 따르면 한국 여성은 남성보다 7.6퍼센트 적게 고등교육을 받고, 21.6퍼센트 적게 경제활동에 참여한다. 고위 직급 여성 비율은 11퍼센트, 기업의 여성 이사는 2.1퍼센트에 불과하다. 역대 최다 여성 의원을 자랑하는 20대 국회(17퍼센트)도 OECD 평균(28.2퍼센트)에는 한참 못 미친다.

운전이 미숙한 여성은 '김여사'로 조롱받지만 교통사고는 남자가 많이 낸다. 한국교통안전공단이 2010년 발표한 〈남녀 교통사고 특성 비교〉에 따르면 남성 100명당 1.13건, 여성 100명당 0.34건의 교통사고가 발생해 남성 운전자의 비율이 3.3배 높았다. 자동차 전문 포털 '모토야'의 분석에 따르면 2016년 교통사고 사망 사건 4,292건 중 남성 운전자가 3,788건, 여성 운전자가 503건으로 남성 운전자의 비율이 88퍼센트에 달했다. 남성 운전자가 많은 것을 감안해도 한쪽으로 기울어진 수치다.

2014년 고용노동부 발표에 따르면 한국 남성은 하루 45분의 가사노동을 한다. 한국 여성이 매일 할애하는 227분의 20퍼센트가 채 되지 않는 시간이다. 같은 해 통계청 발표에 따르면 가사분담률은 16.5퍼센트로 OECD 회원국 중 최하위다(우리 아버지만 해도 세탁기 돌리는 법을 예순한 살에 배웠다). 맞벌이 가정의 남편은 41분, 아내는 193분의 가사노동을 했다. 남편 외벌이 가정은 남편이 46분, 아내가 360분으로 차이가 많이 벌어졌다. 아내 외벌이 가정조차 남편 99분, 아내 159분으로 여성이 더 많은 가사노동을 분담했다.

수사기관에 접수된 성폭력 발생 건수는 2005년 11,757건, 2009년 16,156건, 2011년 22,034건, 2013년 26,919건, 2014년 29,863건으로 꾸준히 증가하고 있다. 성폭력 피해자의 95.2퍼센트가 여성이며, 피해자가 직접 경찰에 신고한 비율은 1.1퍼센트에 불과했다. 심각한 수준의 성폭력도 신고율은 낮았다. 강제추행은 5.3퍼센트, 강간과 강간미수는 6.6퍼센트만 신고되었다. 전문가들은 국내 성폭력 범죄 신고율을 10퍼센트 안팎으로 추정한다.

경찰청의 〈데이트 폭력 발생 현황〉에 따르면, 연인 사이에서 발생한 데이트 폭력 검거 건수는 2014년 6,675건, 2015년 7,692건, 2016년 8,367건으로 꾸준히 증가하고 있다. 하루 평균 신고된 건수만 23건이다. 데이트 폭력으로 인한 살인은 매년 100여 건에 달한다. 사흘마다 한 명의 여성이 사망하는 심각한 수준에 이르렀으나 계속되는 솜방망이 처벌로 논란이 끊이지 않는다. 노래방에서 취소 버튼을 누른 여자친구를 때려 앞니를 부러뜨린 이십대 남성과 두 시간 동안 여자친구를 감금·폭행한 의학전문대학원생은 나란히 벌금형을 받았다. 동거인을 때려 살해한 뒤 시멘트를 뿌려 사체를 은닉한 남성은 피해자의 아버지와 합의했다는 이유로 징역 3년을 받았다.

전국교직원노동조합이 2016년 10월 실시한 설문조사에서 여교사 1,758명 중 70.7퍼센트가 교직생활에서 성폭력을 경험했다고 답했다. 40.9퍼센트가 춤 강요를 당했으며, 34.2퍼센트가 언어를 통한 성희롱을, 31.9퍼센트가 신체 접촉을 통한 성추행을 당했다고 밝혔다. 키스나 애무 등의 성추행도 2.1퍼센트, 강간과 강간미수도 0.6퍼센트나 있었다. 성폭력 가해자 중 70퍼센트가 교장, 교감 등 학교 관리자였다.

남성들은 살고, 여성들은 살아남는다. 10퍼센트 남짓한 신고율에도 연간 3만 건 이상의 성범죄 사건이 접수되는 나라에서, 보복의 두려움에 떨며 어렵사리 신고해도 3분의 1만 기소되는 나라에서, 남편 혹은 남자친구의 손에 매년 백 명 이상의 여성이 살해되는 나라에서, 여성이 남성 임금의 3분의 2도 받지 못하고 남성보다 5년 먼저 퇴직하는 나라에서.

남자도 페미니스트가 될 수 있는가

존재의 습속을 거스른 의지가 소수자와 약자를 향할 때, 적어도 진보 진영 안에서는 비난받지 않아야 한다. 백인이 흑인 인권을, 비장애인이 장애인 인권을, 이성애자가 동성애자 인권을, 자본가가 노동자 인권을 주장하는 경우가 그렇다. 그런데 남성이 여성의 인권을 주장할 때는 예외다. 그들은 일갈한다. "저놈들 다 여자한테 인기 얻으려고 저런다." 동의하지 않지만, 그래, 만약 페미니즘을 공부해서 여자에게 인기가 생긴다면 그냥 같이하면 어떨까? 여자를 무척 좋아하는 것 같으니.

남성인 내게 페미니즘은 비당사자 운동이다. 경험에 한계가 있으며 절박함도 덜하다. 페미니즘 운동은 여성이 하는 것이 가장 효과적이라는 데 이견이 없으며, 남성들은 페미니즘을 말하는 자신의 목소리가 여성보다 커지지 않도록 경계해야 한다는 주장에도 동의한다. 맨스플레인*을 하지 않는 것은 기본 중의 기본이다. 그러나 '여자들이 싸울 테니 남자들은 빠져라'와 같은 말에는 고개를 끄덕일 수 없다. 흑인 민권 운동에 투신한 백인이 있고, 성소수자 인권 운동에 삶을 건 시스젠더-헤테로*도 많다. 생물학적, 사회적 여성 중에서도 페미니스트를 비난하는 '명예 남성'이 적지 않다. 중요한 것은 지향이다.

또한 남자라서 가능한 역할도 있다. 페미니즘을 함께 공부하는 한 선생님은 학생이 쓴 '김치녀'라는 말을 제지하려다가 "선생님한테 한 말 아닌데 왜 그러세요? 혹시 선생님도 김치녀?"라는 반응에 당황했다는 이야기를 전해왔다. 이런 경우처럼 남학생들에게 잘못을 설명하고 납득시키는 데는 남자 선생님의 말

---

* 남자(man)와 설명하다(explain)를 결합한 단어로, 대체로 남자가 여자에게 잘난 체하며 설명하는 것을 말한다.
** '시스젠더'는 신체적 성과 사회적 성이 일치하는 사람을, '헤테로'는 자신과 다른 성별을 가진 사람에게 끌리는 성적 지향을 말한다.

이 더 효과적인 경우가 있다. 여자의 말보다 남자의 말에 더 신뢰를 보이는 남자들이 많기 때문이다. 듣기 거북한 남자 상사의 발언에 "요즘 그런 말씀 하시면 큰일 나요" 하고 제지하는 것도, 페미니즘에 거부감을 보이는 남자 동료를 설득하는 것도 같은 남자가 하면 더 수월한 면이 있다.

무엇보다 페미니즘은 여성만을 위한 운동이 아니다. 좁고 딱딱한 틀에 갇힌 남성의 숨통도 틔워줄 수 있다. 남자들은 왜 술에 취해야만 속에 있는 이야기를 할까. 힘들어도 혼자 이겨내는 것, 슬퍼도 울지 않는 것이 왜 남자다운 행동이 되었을까. 꾹꾹 눌러놓은 감정 때문에 병이 생겨 여성보다 빨리 죽는 건 아닐까. 여성의 소득이 남성과 비슷해지면 모든 비용을 반씩 부담하는 것이 자연스러워지지 않을까. 육아를 여성에게 미루지 않게 되면 아빠와 아이의 친밀감이 커지지 않을까. 내 가족이, 내 친구가, 내 주변 사람들이 일상에서 불쾌감과 공포감을 느끼지 않는다면 나에게도 좋은 일이 아닐까.

의회 민주주의의 본고장인 영국의 여성들은 1927년까지 투표권이 없었다. 우리나라에서 혼외 성관계 처벌 조항이었던 간통죄는 1953년 6월까지 여성에게만 적용되었다. 지상파 뉴스에서 성폭행을 당하고 자살한 여대생을 '정조 관념'으로 칭찬했던 것이 고작 1994년의 일이다. 호주제 폐지는 4천만 명이 휴대전화를 쓰는 2005년이 되어서야 가능했다. 현재의 상식으로는 납득하기 어려운 일들도 당대에는 관습, 전통, 미덕으로 인정받은 경우가 많다. 지금 기준으로는 지극히 당연한 일이 당대에는 급진적 변혁처럼 인식된 경우도 숱하다. 역사는 더 많은 주체에게 더 큰 권리를 보장하는 쪽으로 발전해왔다. 페미니즘을 둘러싼 오늘의 갈등도 얼마 뒤에는 고루함과 편협함이 만들어낸 부끄러운 모습으로 기억될 것이다.

미국의 역사학자 하워드 진Howard Zinn, 1922~2010은 백인 대학교수였다. 즉, 사회가 바뀌지 않는 것이 유리한 기득권 지식인이었다. 그러나 그는 흑인 학생들의 학습권을 위해 싸웠고, 투표권을 요구하는 흑인 대오의 선두에 섰다. 반복된 해직과 투옥 앞에서도 일관되게 지켜온 그의 신념에 다른 많은 백인들도 하나둘 감화됐다. 오늘날 미국인들은 피부색이 다른 이를 위해 한평생 싸웠던 그를, 자기 이해 대신 신념과 정의에 따라 움직인 그를, 인종차별 철폐에 전기를 마련한 그를 '현대사의 양심'이자 '실천적 지식인'으로 기억한다.

　나는 이 글을 읽는 남성들이 페미니즘의 하워드 진이 되어주면 좋겠다. 더 좋은 세상을 위해 손을 내밀어주면 좋겠다. 세상의 절반인 여성들이 단지 여성이라는 이유로 경력단절을 겪지 않고, 밤길을 두려워하지 않으며, 꿈을 꺾지 않는 세상을 위해 함께 목소리를 내주면 좋겠다. 남자아이가 눈물을 참지 않고, 시시콜콜 하고 싶은 말을 다 하며, 육아의 즐거움과 가사의 고단함을 아는 사람으로 자랄 수 있게 힘을 모아주면 좋겠다. 놀이방에서 남자아이도 인형을 만지고 여자아이도 로봇을 조립할 수 있도록, 학교 운동장에서 축구를 하는 여학생과 고무줄놀이를 하는 남학생이 공존할 수 있도록, 여학생이 엔지니어를, 남학생이 네일아티스트를 꿈꾸고, 소꿉놀이에 빠진 아이들이 퇴근하는 남편과 밥 차리는 아내를 연기하지 않도록. '여자라서' '남자라서'가 아니라 '내가' 좋아하고 원하기 때문에 무엇이든 탐색하고 선택할 수 있도록 함께 이 길을 걸어주면 좋겠다.

　언제 어디서나 기득권인 사람은 없다. '난 한국

사람이니까 이주노동자의 고충에는 관심 없어' '난 경상도 출신인데 전라도 사람이 어떤 취급을 받든 그게 무슨 상관이야' 이렇게 생각하는 사람이 많을수록 세상은 팍팍해진다. '네가 그렇게 한다고 해서 뭐가 달라질 것 같아?' '혼자 아무리 애써봤자 어차피 바뀌는 건 아무것도 없어' 이렇게 말하는 사람이 많을수록 사회는 더 차가워진다. '난 남자니까 여자의 삶 같은 건 몰라도 돼'라고 생각하는 사람이 많을수록 세상은 더 망가진다.

누구나 약자의 자리에 놓일 때가 있다. 정규직 노동자는 비정규직 노동자보다 상대적 강자이지만 자본가 앞에서는 무력해진다. 대학에서 교수는 갑 중의 갑이지만 교수 사회에서는 출신 대학으로 차별받는다. 1차 하청 업체는 2차 하청 업체의 생살여탈권을 쥐고 있지만 원청 대기업 앞에서는 목소리를 내지 못한다. 한국에서 남성-비장애인-이성애자-자본가로 살면 무엇 하나 부족함이 없을 것 같지만 미국에 가면 '옐로 몽키'에 불과할 수 있다.

건강한 사회는 남의 아픔을 들여다보려는 사람이 많은 사회다. 크기와 정도의 차이가 있을 뿐 누구에

게나 환부가 있다. 이 상처에 바르는 약과 저 상처에
바르는 약은 다르지 않다.

4장 800명의 남학생과 함께

삶을 위한 페미니즘 수업

　침묵하지 않기로 다짐했다. 무엇을 할 수 있을지 고민했다. 피켓을 드는 것, 구호를 외치는 것, 이웃을 설득하는 것, 모두 중요하지만 그보다 지속적이고 체계적인 걸 하고 싶었다. 일회성으로 끝나지 않고 긴 호흡으로 계속할 수 있는 무엇이 필요하다고 생각했다.

　답은 가까이에 있었다. 나는 교사였고 내게는 800명의 남학생들이 있었다. 이들이 기성세대 남성과는 다르게 자랄 수 있다면, 눈과 귀와 가슴을 열고 세상으로 나간다면, 그보다 보람된 일은 없을 것 같았다. 나아가 매년 수백 명의 남학생을 가르치고 앞으로 수천 명의 남학생을 가르칠 동료 교사들에게 작은 영향이라도 끼칠 수 있다면, 이보다 이상적인 실천은 없다고 생각했다.

　교실에 배치할 〈여성신문〉 구독을 시작했다. 페미니즘 문구가 적힌 옷을 입고 배지를 달고 다녔다. 학급문고에 페미니즘 칸을 만들어 책을 채워 넣었다. 반 학생들과 공유하는 카톡방에 신문 기사를 링크했다.

　가장 근본적인 지점은 역시 수업이었다. 처음에는 특별한 수업 자료를 준비할까 싶었으나 이내 걱정이 밀려왔다. 평상시 수업과 무관한 내용을 생뚱맞게 다루면 아이들은 본능적으로 알아채고 대비한다. '이거 안 중요하네.' '이건 시험에 안 나오겠네.' 어떤 아이들은 교사의 저의를 의심한다. '뜬금없이 이런 걸 하는 이유가 뭐지?' 마음이 닫힌 상태에서 입이 열릴 수 없고 손이 풀릴 수 없다. 수업이 교육 과정과 괴리되면 준비 단계에서부터 스텝이 꼬여 결국 망한다는 걸, 학생들이 반감을 느끼고 경계심을 발동하기 시작하면 안 하느니만 못하다는 걸 이미 느낀 터였다.

평소 수업의 연장선에서 페미니즘 자료를 도입하면 학생들의 집중도부터 다르다. 수업의 필요성과 의미를 설명하는 사전 정지 작업도 수월하다. 예를 들면 이런 식이다.

"여러분, 촛불혁명 이후의 시대정신이 뭔지 알아요? 약한 사람, 아픈 사람을 찾아 그 사람의 목소리를 듣는 거예요. 가장 낮은 곳, 가장 어두운 곳을 들여다보고 같이 아파하는 거예요. 그래서 요즘 사회적 약자를 위한 정책이 많이 나오잖아요. 그런 의미에서 성평등 수업도 필요성이 있죠. 그러니까…"

학생들의 눈이 반짝반짝 빛나면 카운터펀치를

날린다.

"어떤 사람의 인격, 양심, 품성, 이런 걸 정의情意적 영역이라고 해요. 생활기록부 항목 중에서 정의적 영역으로 쓸 수 있는 말, 많지 않겠죠? 생각해봐요. 차별받는 여성의 삶을 고민하는 남학생이라니. 멋있지 않아요?"

여기까지 말하고 나면 학생들의 마음이 급해지는 게 느껴진다. 손에 들고 있는 그 종이 뭐예요. 빨리 주세요. 현기증 나요. 그런 표정으로 쳐다본다. 얄궂은 거짓말로 아이들을 홀린 것 같지만 곰곰이 생각해보면 틀린 말도 아니다.

똑똑한 사람은 많지만 따뜻하기까지 한 사람은 드물다. 암기력과 이해력이 뛰어난 사람은 많지만 비판적 사고력과 사회문화적 통찰력을 갖춘 사람은 드물다. 페미니즘을 공부하다 보면 나와는 무관한 줄 알았던 아픈 사람의 목소리에 귀를 기울이게 된다. 당연한 것이 낯설어지는 신기한 경험을 하게 된다. 익숙한 것을 다르게 볼 수 있는 능력이 생기고, 개인의 삶을 사회와 역사로 확장할 수 있는 거시적 안목이 싹튼다.

지금부터 소개하는 수업들은 "홍익인간의 이념

아래" 학생들로 하여금 "인격을 도야하고 자주적 생활 능력과 민주시민으로서 필요한 자질을 갖추게 함으로써 인간다운 삶을 영위하게 하고 민주국가의 발전과 인류공영의 이상을 실현하는 데에 이바지"하는 사람을 만들어내기 위해 실시했다. 의도하지 않았으나, 대한민국 교육기본법의 교육이념과 묘하게도 똑같다. 좋지 아니한가.

〈메밀꽃 필 무렵〉, 성폭력을 미화하는 거 아닐까?

우리 학교 《국어 I》 교과서에는 아름다운 배경 묘사로 유명한 서정 소설 〈메밀꽃 필 무렵〉이 실려 있다. 단편 소설 중에서도 분량이 짧아 전문을 실을 수 있기 때문에 교과서에서 애용되는 작품이다. 소설의 공간적 배경인 봉평면, 진부면, 대화면이 강릉과 가까워서 우리 학교 학생들이 친숙하게 받아들이는 작품이기도 하다. 많은 이들에게 사랑받는 수작이지만, 고구마에 삶은 달걀을 비벼 먹는 것처럼 갑갑한 부분도 있다. 나는 다음 내용에 착안해 '썰'을 풀기 시작했다.

"달밤이었으나 어떻게 해서 그렇게 됐는지 지금
생각해두 도무지 알 수 없어."

허 생원은 오늘 밤도 또 그 이야기를 끄집어내려는
것이다. 조 선달은 친구가 된 이래 귀에 못이 박히도록
들어왔다. 그렇다고 싫증을 낼 수도 없었으나
허 생원은 시침을 떼고 되풀이할 대로는 되풀이
하고야 말았다.

(⋯)

"날 기다린 것은 아니었으나 그렇다고 달리 기다리는
놈팡이가 있는 것두 아니었네. 처녀는 울고 있단
말이야. 짐작은 대고 있었으나 성 서방네는 한창
어려워서 들고날 판인 때였지. 한집안 일이니
딸에겐들 걱정이 없을 리 있겠나. 좋은 데만 있으면
시집도 보내련만 시집은 죽어도 싫다지⋯ 그러나
처녀란 울 때같이 정을 끄는 때가 있을까. 처음에는
놀라기도 한 눈치였으나 걱정 있을 때는 누그러지기도
쉬운 듯해서 이럭저럭 이야기가 되었네⋯ 생각하면
무섭고도 기막힌 밤이었어."

"제천연지로 줄행랑을 놓은 건 그다음 날이었나?"

"다음 장도막에는 벌써 온 집안이 사라진 뒤였네.

장판은 소문에 발끈 뒤집혀 고작해야 술집에
팔려가기가 상수라고 처녀의 뒷공론이 자자들 하단
말이야. 제천 장판을 몇 번이나 뒤졌겠나. 하나
처녀의 꼴은 꿩 궈 먹은 자리야. 첫날밤이 마지막
밤이었지. 그때부터 봉평이 마음에 든 것이 반평생을
두고 다니게 되었네. 평생인들 잊을 수 있겠나."
"수 좋았지. 그렇게 신통한 일이란 쉽지 않어. 항용
못난 것 얻어 새끼 낳고, 걱정 늘고 생각만 해두
진저리나지…."

  주인공 허 생원은 달빛 은은한 밤 메밀꽃이 흐드
러지게 핀 산길을 걸으며 과거를 추억한다. 평생을 혼
자 살아온 그에게 성 서방네 처녀는 인생에 있었던 단
한 명의 여인이다. 목욕하러 개울가에 나온 그는 물레
방앗간에서 성 서방네 처녀를 만났고, 자신의 처지를
비관하며 울고 있던 그녀와 성관계를 가졌다. 그리고
그날의 추억을 반평생 동안 소중히 간직하고 있다. 달
이 뜨는 밤마다 친구 조 선달의 귀에 못이 박히도록 이
야기할 만큼.

  궁금했다. 성 서방네 처녀는 우연히 만난 남자와

의 성관계에 동의했을까? 지금보다 훨씬 더 보수적이었던 시절, 작은 시골마을에서? 앞뒤를 보면 둘은 알고 지내던 사이도 아니었다. 과연 그녀에게도 그날 밤이 로맨스로 남았을까? 찾는 사람도 없고 비명을 질러도 들릴 리 없는 한밤중의 물레방앗간이었다. 물리적 위험을 느껴 저항하지 못했을 수도 있다. 허 생원에게는 낭만적 만남이었던 그날이 성 서방네 처녀에게는 끔찍한 기억일지 모른다. 비슷한 짓을 공모하고도 죄의식을 느끼기는커녕 젊은 날의 치기로 여긴 대선 후보가 있었던 것처럼.

성 서방네 처녀가 성관계에 동의했다면? 그래도 허 생원처럼 그걸 동네방네 떠들고 다녀서는 안 된다. 한국 사회는 남성의 성에 지나치게 관대하고 여성의 성에는 병적으로 집착한다. 여성이라면 손가락질받을 일이 남성이라면 "와, ×× 부럽다"라며 영웅으로 추앙받기도 한다. 그래서일까. 어떤 남자는 룸살롱에 갔던 얘기도 당당하게 하지만 어떤 여자는 애인이 있다는 사실도 꽁꽁 숨긴다.

이런 이야기들을 학생들과 나눴다. 성 담론이 꽉꽉 들어찬 이야기라 그랬을까. 십대 남학생들은 아드

레날린을 뿜어대며 열심히 들었다. 이러다가 금방 부교감 신경이 작동할까 싶어 얼른 글을 써보자고 제안했다. 세 개의 질문을 던졌다.

① 성 서방네 처녀는 성관계에 동의했을까?
② 성폭력과 성폭력 아님을 구분하는 기준은 뭘까?
③ 우리는 왜 여성의 사생활에만 엄격할까?

2000년생 친구들의 여성관, 성의식, 성인지 수준이 궁금했다. 내심 기대했지만 결과는 예상대로였다. 연식이 오래되지 않았을 뿐, 한국에서 태어나 한국에서 자란 친구들이었다. 갈 길이 멀었다. 큰 그림을 그려야 했다.

〈춘향전〉, 예나 지금이나 여성은 노리개

《국어 Ⅱ》교과서에는 조선 후기 최고의 베스트셀러 〈춘향전〉이 실려 있다. 성춘향과 이몽룡을 모르는 친구는 한 명도 없었다. 작품 이해가 충실하니 모둠 토론을 붙이면 깊이 있는 주제까지 다룰 수 있을 것 같았다. 세 개의 질문을 던졌다.

① 변학도를 법정에 세운다면 어떤 죄목을 적용
해 몇 년 형을 내릴 수 있을까?
② 이몽룡은 왜 한양에 성춘향과 함께 가지 않았
을까?
③ 성관계를 해도 되는 나이, 상황은 언제일까?
(이몽룡과 성춘향은 16세에 첫날밤을 보냈다.)

학생들은 변학도에게 적용할 수 있는 죄목으로
간음죄, 모욕죄, 성희롱죄, 직권남용죄, 폭행죄, 협박
죄 등을 적었다. 모든 모둠이 변학도가 사또의 지위를
이용해 권력으로 성폭력을 가했다는 데 동의했다. 적
절한 형량 수준에 대해서는 의견이 다양했으나 절반
이상의 모둠이 사형을 주장했다. 실제 법정에서는 어
떨 것 같으냐고 물었더니 '죄질이 나빠 10년 이상은
받을 것'이라는 대답이 돌아왔다. 정의감이 강해서일
까, 세상의 때가 덜 묻어서일까.
현실을 알려주기 위해 고故 장자연 사건을 설명
했다. 그는 여자 연예인을 착취하는 연예계 성상납 구

조의 피해자였으며, 그 속에서 자신이 받은 고통을 폭로하고 스스로 목숨을 끊었다고. 그가 남긴 명단에 있었던 수십 명의 권력자들은 모두 무혐의 처분을 받았고, 실형을 선고받은 건 소속사 대표와 문건을 공개한 사람 둘뿐이었다고. 학생들은 분개했다.

　다음 날에는 KBS 2TV의 예능방송 〈우리 동네 예체능〉 '족구' 편을 보여줬다. 군인 팀과의 족구 경기에서 패배한 연예인 팀은 걸 그룹과 통화하고 싶다는 군 장병의 소원을 들어준다. 전화가 연결된 걸 그룹은 노출이 심한 복장으로 군부대를 방문해 선정적인 춤을 추며 위문 공연을 펼쳤다. 젊고 아름다운 여성의 육체로 국가의 부름을 받은 남성을 위무한다는 점에서는 일본군 '위안부'와 근본적 원리가 비슷하지 않느냐고 학생들에게 물었다. 이해하기 어려운 말이었을까. 터무니없는 주장이라고 생각했을까. 대부분의 학생이 고개를 갸우뚱했다. 하지만 말을 더 보태지는 않았다. 첫술에 배부를 수는 없는 노릇이니까.

　'위안부' 기사에 달린 댓글들을 학생들과 함께 보며 의견을 묻기도 했다. '일본에게 복수하기 위해 우리도 일본 여자를 강간하자'는 댓글을 본 아이들은 잘

못한 건 일제인데 왜 애꿎은 일본 여성들에게 화풀이를 하냐며, 결국 또다시 여성들만 피해자가 된다고 비판했다. 여성 인권의 관점에서 '위안부' 문제를 바라본 우리 학생들과 달리 어떤 사람들은 이 문제를 '민족정기의 유린'으로 이해하기도 한다. 얼마 전까지만 해도 미디어는 대중의 분노를 자극하는 쪽으로 '위안부' 문제를 다뤘다. 젊고 예쁘고 순수한 소녀들이 겪은 고통과 비극이라는 관점에서, 마치 포르노처럼 전시해 국민들의 복수 의지를 불태우려는 식이었다. 이러한 맥락에서 등장했을 '일본 여성을 강간하겠다'는 주장에는 '나도 네 물건을 망가뜨리겠다'는 원초적인 복수심만 남아 있다. 그들에게 여성은 '네 물건'과 같은 것, 다시 말해 남성과 동등한 인격 주체가 아니다. 당사자의 인권은 설 자리를 잃는다.

이몽룡은 한양에 성춘향과 함께 갈 수 없었을까? 이 질문에는 의견이 엇비슷하게 나뉘었다. '혼날 때 혼나더라도 아버지에게 솔직하게 말해야 했다'는 주장과 '과거에 합격한 뒤 춘향이의 존재를 알렸기 때문에 결혼이 가능했다'는 주장이 맞섰다. '결혼 허락은커녕 혼날 각오도 없으면서 그간 남편 행세를 했다니 어이없다' '부모님을 언제까지 속일 수도 없는데 들통날 경우를 대비하지 않고 춘향이를 만나왔다니 너무 무책임했다' '이몽룡이 장원급제했기에 망정이지 차석으로만 붙었어도 춘향이는 꼼짝없이 죽었을 것이다' 등등의 의견이 쏟아졌다.

그러다 한 학생이 말했다. 이몽룡은 어차피 아쉬울 것 없는 사람이었으니 남원에 있을 때 즐길 만큼 즐긴 거 아니냐고. 한양에서 양반집 아가씨와 결혼할 수도 있는데 굳이 춘향이를 데려갈 이유가 있었겠냐고. 춘향이는 나중에 첩으로 데려와도 그만인데, 어차피 자기랑 그렇고 그런 사이라고 소문이 다 났는데 뭐 어쩌겠어? 이런 생각 안 했겠냐고. 냉소적인 견해이긴 했으나 논리적으로 가능한 접근이었다. 그래서 나도 덧붙였다. 누가 누구랑 잤다고 소문나면 왜 여자만 욕을 먹을까요? 왜 여자한테만 걸레라고 부를까요? 남자랑 섹스해서 걸레가 되는 거면, 더러운 건 남자 아닌가요? 생각해보자고 했다.

성관계를 할 수 있는 나이, 성관계를 해도 되는 상황에 대한 토론이 가장 재미있었다. 아이들은 입으로는 가족을 부양할 수 있을 때 하는 것이 좋다고 말하면서도, 얼굴로는 너도나도 '그딴 게 어디 있어'라는 표정을 짓고 있었다. 농사짓고 살던 시대에는 중학생 나이에도 결혼을 했으나, 사회 구조가 바뀌어 준비 단계가 길어진 결과 결혼 적령기가 10년 이상 늘어났다고, 사람 사는 모습이 달라지면 섹스할 수 있는 나이도 달라지는 것이니 그보다 중요한 것은 파트너의 동의 여부라고 아이들에게 설명했다.

NO를 NO로 받아들일 것. 완곡한 거절을 YES로 이해하지 말 것. '싫어요, 싫어요 하다가 좋아요 한다'는 식의 이야기는 남자들이 남자를 위해 만든 판타지니 절대로 믿지 말 것. 강제로 여성의 팔을 잡아끌면 납치, 싫다는데 회사 앞에서 기웃거리면 스토킹, 벽에 밀치고 키스하면 폭력이니 셋 다 하지 말 것. 제발 멋대로 넘겨짚지 말며 포르노를 현실 세계에 대입하지 말 것을 당부했다.

이육사는 남성적 어조, 김소월은 여성적 어조?

매운 계절의 채찍에 갈겨

마침내 북방으로 휩쓸려 오다

하늘도 그만 지쳐 끝난 고원
서릿발 칼날진 그 위에 서다

어데다 무릎을 끓어야 하나
한 발 재겨 디딜 곳조차 없다

이러매 눈 감아 생각해볼밖에
겨울은 강철로 된 무지갠가 보다

— 이육사, 〈절정〉

나 보기가 역겨워
가실 때에는
말없이 고이 보내드리오리다

영변寧邊에 약산藥山
진달래꽃

아름 따다 가실 길에 뿌리오리다

가시는 걸음 걸음
놓인 그 꽃을
사뿐히 즈려 밟고 가시옵소서

나 보기가 역겨워
가실 때에는
죽어도 아니 눈물 흘리오리다

— 김소월, 〈진달래꽃〉

《문학》교과서에는 이육사의 〈절정〉과 김소월의 〈진달래꽃〉이 나란히 수록되어 있다. 한쪽 귀퉁이에는 '남성적 어조'와 '여성적 어조'에 대한 설명이 있는데 영 마뜩잖았다. 거기서는 남성적 어조의 특징을 '단정적 표현과 명령형 말투'라고 설명하며 힘차고 씩씩한 느낌을 주므로 주장 전달이나 강인한 의지를 드러내는 데 효과적이라고 덧붙였다. 반면 여성적 어조의 특징은 '부드럽고 차분한 어조와 소극적이고 수동적인 태도'라고 설명하며 기원이나 체념에 주로 쓰인다는 말을 덧붙였다. 청유형 문장이 자주 사용되며 주로 존댓말을 쓴다는 것도 특징으로 꼽았다.

"이거 구려요." 용어의 적절성을 묻기도 전에 학생들이 먼저 말했다. 나도 그렇게 생각한다. 정말 구리다. 남성적 어조, 여성적 어조라는 개념을 창안한 사람이 성차별주의자가 아닐 수도 있다. 별 의식 없이 단지 현실이 그러하니까 그렇게 이름 붙였을 수도 있다. 악의가 없어도, 때로는 무지만으로도 나쁜 결과를 낳는다.

그런 용어를 교과서에서 발견함으로써 학생들이 잠시라도 '난 여자니까 이렇게 말해야 하나?' 하고 고민하게 되는 것 자체가 바람직하지 않다. 무의식적으로 거칠고 당당하면 남성적이라 생각하고, 소극적이고 얌전하면 여성적이라 생각하는 틀을 만들고 그 안에 자기를 가둘까 봐 걱정된다. 남자는 기백 있고 자신만만해야 하는데, 여자는 수동적이고 부끄러워해야 하는데, 자신은 그렇지 않다고 고민할까 봐 우려된다.

인간은 경험을 통해 사고하고, 사고의 영향을 받아 언어를 구성한다. 어린이가 즐겨 보는 만화에서 주인공은 대부분 남성이 맡는다. 여성 인물은 그 주인공에게 의존하는 캐릭터로 그려지고, 위기에 처한 여성 인물을 구하는 것이 남성 주인공의 핵심 역할이다. 핑크색 옷을 입은 여자 주인공은 예외 없이 예쁘고, 싸우기보다는 마법을 부리는 것을 택한다. 남자아이들이 공을 차며 뛰놀 때 여자아이들이 요술봉을 들고 사뿐히 걷는 풍경은 우리 사회가 만들어낸 성역할 학습의 결과다.

텔레비전 드라마에는 반말하는 남편, 존대하는 아내가 자주 등장한다. 현실과는 동떨어진 재현이다. 요즘 그런 부부가 몇이나 있을까. 외국 영화를 우리말로 더빙한 것을 보면 같은 동료인데도 남자는 반말, 여자는 존댓말로 처리하는 경우가 적지 않다. 무슨 근거로 그렇게 만들었을까. 부지불식간에 쌓인 차별의식은 은연중에 남성과 여성을 상하 관계로, 고정된 역할 속으로 밀어 넣는다.

〈사씨남정기〉, 진짜 범인은 누구일까?

김만중의 소설 〈사씨남정기〉로 글쓰기 수업을

했다. 이번에도 세 가지 질문을 던졌다.

① 이 작품에서 악인은 교 씨와 동청뿐인가?
② 사 씨가 지금 세상에 오면 어떤 사람으로 인식될까?
③ 오늘날에도 일부다처제가 있다면 좋을까, 나쁠까?

장희빈은 조선왕조 희대의 악녀로 기억된다. 그를 모델로 삼아 만든 인물인 〈사씨남정기〉의 교 씨도 그렇다. 유한림의 첩으로 들어온 교 씨는 착하고 인자한 본처 사 씨를 미워한다. 겉으로는 선한 인물인 척하면서 동청이라는 문객과 통정하여 갖가지 흉계를 꾸민다. 자기가 낳은 아들을 죽여 그 죄를 사 씨에게 덮어씌우고 남편을 모함해 귀양을 가게 하는 패륜적 행위를 마다하지 않는다. 사 씨는 갖은 고생을 하지만 결국에는 모든 누명을 벗고 제자리로 돌아온다. 사 씨의 도움으로 죽음의 위기에서 벗어난 남편 유한림은 진실을 알게 되고 교 씨를 처단한 뒤 사 씨와 행복한 여생을 보낸다. 교 씨의 파트너였던 동청도 비참한 최후를 맞는다. 이 두 인물의 죽음으로 악인의 징벌은 완료된다.

　나는 찝찝했다. 무능하고 무지한 남편 유한림은 교 씨의 말에 속아 아내 사 씨를 고생시키고 집안을 혼란에 빠뜨렸으나 어떤 응분의 결과도 감수하지 않았다. 통렬한 반성도, 눈물의 사과도 하지 않았다. 작품 후반부에서 그는 오히려 교 씨를 죽이고 가족 공동체를 회복하는 정의의 판관이자 질서의 수호자 역할을 맡는다. 처첩 갈등의 근원인 가부장제와 축첩제도 역시 비판받지 않는다. 도리어 가부장제의 요구를 충실히 따른 사 씨가 행복한 여생을 맞이하는 결말을 통해 권장되어야 할 미덕으로서의 지위를 강화한다.

　일부다처제는 있어도 일처다부제는 없다. 나쁜 계모의 서사는 흔하지만 나쁜 계부의 서사는 좀처럼 볼 수 없다. 남자는 아내가 있어도 새장가를 갔지만 아내는 남편이 죽어도 재가를 못했다. 계부 자체가 가능하지 않았으니 계부를 다룬 전설이나 민담이 전해질 리 없었다. 결혼과 이혼이 자유로운 요즘에는 계모보다 계부가 구설에 오르지만 그때는 달랐다. 나쁜 여자를 만들어낸 시스템이 나쁜 여자를 징벌했고, 여성의 삶의 모범을 제시하며 거기서 벗어날 경우 치러야 할 대가를 들이밀고 겁을 줬다.

그러므로 '여자의 적은 여자'라는 프레임은 가부장제의 소산이다. 명절에 벌어지는 며느리들의 싸움이 그 예다. 남편 집 조상 모시는 노동을 내가 전담하는 데서 분노가 움트지만, 폭발하는 방향은 시댁 식구가 아닌 다른 며느리에게로 향하는 경우가 많다. 나는 친정도 못 가고 부엌에서 이러는데 동서는 그러는 게 어디 있냐고 원망과 서운함을 토로한다. 며느리끼리의 감정싸움에서 가부장제의 원죄는 자취를 감춘다. 피지배자를 분열시켜 단결을 막는 분할통치의 시작은 어쩌면 가정이 아닐까.

사 씨는 가부장제의 요구에 철저하게 순종한 사람이었다. 요즘 말로 하면 '개념녀'다. 집안의 대가 끊기는 참사를 방지하기 위해 첩을 들이자고 제안한 것도 사 씨였다. 시집에서 억울하게 쫓겨난 사 씨는 친정 대신 시아버지의 묘소를 찾는다. 남자에게 버림받을지언정 남자를 버리지 않는 여인. 사 씨는 조선의 양반들이 원하던 판타지를 훌륭하게 수행해낸 인물이었다.

〈사씨남정기〉는 사회변혁적 작품도, 일부다처제를 비판하는 작품도 아니다. 나쁘게 살면 교 씨처럼 되고 착하게 살면 사 씨처럼 된다고 권계하는 작품이다. 김만중은 〈사씨남정기〉를 통해 당대의 여성들에게 '개념 있게 살라'는 신호를 보냈다.

학생들에게 어떤 사람을 '개념녀'라고 부르는지 물어봤다. 친절한 여자, 무시하지 않는 여자, 욕하지 않는 여자, 착한 여자, 칭찬을 잘하는 여자, 내 얘기를 잘 들어주는 여자, 남자를 볼 때 돈이나 키, 얼굴 같은 걸 안 따지는 여자, 더치페이로 계산하는 여자 등의 대답이 돌아왔다.

종합해보면 '개념녀'는 모든 방면에서 가부장적이고 전근대적인 태도를 지녔지만 경제관념만은 현대적이고 평등을 지향하는 여성을 가리키는 말이다. 그러므로 '개념녀'는 남성이 유리한 지점은 그대로 유지하고 불리한 부분까지 유리하게 바꾸겠다는, 남성들의 무지한 욕망이 그대로 묻어나는 정치적인 용어다.

지금도 일부다처제가 있다면 좋을까, 나쁠까? 불행은 작게, 행운은 크게 예상하는 인간 심리가 십대 남학생들의 허세와 겹쳐 다들 부인 셋쯤은 거느리겠

노라 자신할 줄 알았다. 좋다는 의견이 압도적일 줄 알았으나 의외의 반응을 보였다. '여러 여자랑 사는 건 돈 많은 사람들이죠' '우리한테는 좋을 거 없어요' '성공해야 말이죠. 저랑은 상관없는 얘기일걸요' 아이들은 벌써부터 열패감에 젖어 있었다.

예상과는 다른 반응에 당황해 여성의 입장에서 생각해보면 어떻겠느냐고 말을 돌렸다. 아이들은 공평함을 강조했다. 남자는 여러 여자랑 사는데 여자는 한 명의 남자를 두고 경쟁해야 하는 건 공평하지 못하다고. 그리고 어떤 남자는 평생 혼자 살아야 하는 것도 공평하지 않다고.

〈서프러제트〉, 현재에 살지 말고 역사에 살자

기말고사가 끝나면 시간이 붕 뜬다. 수업이 잘되지 않는 이 시기를 알차게 보내고 싶었다.《문학》교과서의 머리말에서는 문학 교육의 목표를 다음과 같이 설명한다.

문학 작품에 나타나는 다양한 삶의 모습과 깨달음을

간접적으로 체험함으로써 인간과 세계를 이해하는
안목을 넓히고, 자신의 삶을 고양하며 다른 사람과
더불어 살아가는 태도를 지니도록 한다.

나는 남고생들이 일상의 궤적에서는 알기 힘든
여성의 삶을 간접적으로나마 체험해 인간과 세계를
이해하는 안목이 넓어지길 바랐다. 그래서 여성과 더
불어 살아가는 데 도움이 되었으면 했다.

여름방학 직전, 여성참정권 운동을 다룬 영화
〈서프러제트〉를 보고 감상문을 쓰는 수업을 했다. 민
주주의의 본고장이라는 영국에서조차 여성참정권의
역사는 100년이 채 되지 않는다. 지금 생각해보면 웃
긴 일이지만 당시 영국 남성들은 여성에게 투표권이
없는 게 당연하다고 생각했다. 영화를 보고 난 뒤에는
다른 관객들이 '네이버'에 남긴 영화 평점 댓글을 함
께 봤다. 댓글을 하나하나 읽어 내려가다 보면 남성들
이 어느 부분에서 화가 나 1점을 줬는지 알 수 있었다.
그들은 여성이 남성에 맞서서 뭘 요구한다는 것 자체
가 기분이 나쁘고 싫은 사람들이었다.

여성과 남성이 동등하게 투표권을 가지는 것은

상식 중의 상식이다. 지금 기준으로 보면 여성참정권에 반대하는 영화 속 남성들이 비이성적 인물이다. 두 글자로 줄여서 쓰면 큰일 나는 일부 '한국 남자'들은 성평등이 완전히 이루어졌을 뿐만 아니라 이제는 오히려 남성이 차별받고 있다고 생각한다. 그런데 21세기에도 여전히 여성들은 성평등을 요구하고 있다. 둘의 차이가 뭘까? 지금은 맞고 그때는 틀렸나? 〈서프러제트〉에 등장하는 남자들도 지금의 '한국 남자'들처럼 생각하고 있던데.

중학생 시절, 국사 시간에 '만적의 난'과 '망이·망소이의 난'을 배웠다. 신분제도라니 세상에. 정말 야만적인 세상이었다고 혀를 끌끌 찼다. 하지만 그 당시에는 만적과 망이·망소이가 별종이었고 대부분의 노비들은 신분제가 자연스럽다고 생각했다. 신분제도가 철폐된 뒤에도 많은 수의 노비가 먹고살 일이 막막하다며 주인집에서 나가기를 거부했다.

당대에 사는 사람은 현실을 오해할 수 있다. 지금의 상식이 미래의 야만임을 동시대인은 모를 수 있다. 미국에 살지 않는 우리는 인종차별이 있다고 생각한다. 한 발짝 떨어져서 객관적으로 생각할 수 있고 당장에 내 이해관계가 얽혀 있지 않기 때문이다. 반면에 미국에 사는 적지 않은 백인들은 이제 흑인과 히스패닉이 살기 좋은 시대라고 생각한다. 백인 역차별 정서는 트럼프를 대통령으로 만든 거대한 축 중 하나였다. 가까운 일본에도 재일한국인이 특권을 누린다고 믿는 사람들의 모임인 '재특회(재일 특권을 용납하지 않는 시민 모임)'가 있다.

너무 가까이에 있어서 보이지 않는 것, 성차별이란 그런 게 아닐까. 나는 우리 학생들이 〈서프러제트〉를 보며 자신의 삶을 객관화할 수 있기를, 우리가 사는 시대를 역사의 물줄기 안에서 보기를 바랐다. 그래서 '마지막 광복군' 김준엽 선생이 남긴 말을 칠판에 적는 것으로 그날의 수업을 마쳤다.

"현실에 살지 말고 역사에 살라."

[+인간] [−남성] [−성숙]이 '소녀'라니

《독서와 문법》 교과서에는 '단어의 이해와 사용'이라는 단원이 있다. '의미 자질'이라는 개념을 배우는데 그 단원의 탐구 활동에서는 단어의 의미를 구성하는 최소 성분을 찾아볼 것을 요구하며 이상한 예를 들었다. '소년'은 [+인간] [+남성] [−성숙]의 의미 자질로 구성된 단어이며 '소녀'는 [+인간] [−남성] [−성숙]의 의미 자질로 구성된 단어라고 설명하고 있었다. 뒷장에서는 '총각'을 [+인간] [+남성] [−결혼]으로, '처녀'를 [+인간] [−남성] [−결혼]으로 설명했다.

어떤 반에서는 "이거 성차별 아니에요?" 하고 먼저 지적하는 학생들이 있어서 내용을 풀어가기가 쉬웠다. 별 반응이 없는 반에서는 차별적이지 않느냐고 먼저 물어봤는데, 차별이라는 학생도 있었고 선생님이 너무 예민하다는 학생도 있었다.

남성을 인간의 기본값으로 상정하는 예는 무수히 많다. 홈페이지에 회원 가입을 하거나 개인 정보가 담긴 문서를 작성할 때에도 왼쪽에 남성이, 오른쪽에 여성이 있다. 뉴스 진행자의 자리도 왼쪽에 남성이, 오른쪽에 여성이 앉는다. 남성의 주민등록번호 뒷자리는 1과 3으로 시작하고 여성은 2와 4로 시작한다. 내가 중학생 때 남학생은 1번부터 번호를 받았고 여학생은 31번부터 번호를 받았다. 한자에는 사내 남男, 계집 녀女가 있지만 아들 자子에 대응해 딸을 가리키는 한자는 없다. 아들 자子가 들어간 자제子弟와 자손子孫은 의미적으로 딸을 포함한다. 높임법이 발달하지 않아 한국어보다 평등해 보이는 영어도 man-woman, male-female, god-goddess, hero-heroine처럼 여성을 파생적으로 취급한다. 이런 게 수십, 수백 개가 쌓이면 남성이 더 중요하다는 잘못된 인식, 남성이 기준이라는 편견을 만들고 강화할 수 있다.

《독서와 문법》에서는 한국어에 나타나는 합성어 형성 과정의 특징으로 더 중요한 것, 더 긍정적인 것이 앞에 놓임을 설명하며 선악, 강약, 대소를 예로 들었다. 그래서일까. 남성과 여성이 합성어를 이루는 경우에는 남성이 앞에 오는 것이 일반적이다. 순서를 바꾸면 어색하다. 부모, 자녀, 부부夫婦, 아들딸, 신랑신부, 장인장모, 형제자매, 남녀노소, 신사숙녀, 선남선녀, 1남 2녀가 그렇다. 물론 항상 남성이 앞에 오는 건 아니다. 욕하거나, 낮추거나, 천하거나, 인간이 아니거나, 성적인 의미가 있을 때는 여성이 앞에 온다. 년놈, 에미애비, 비복婢僕, 암수, 자웅, 처녀총각이 그렇다.

중요도와 긍정성/부정성을 따지는 행위는 가치 중립적이지 않다. 우리는 '남북 관계'라고 부르지만 북한은 '북남 관계'라고 부른다. '연고전'인지 '고연전'인지를 두고 연세대와 고려대는 수십 년째 옥신각신하고 있다.

　《독서와 문법》교과서는 한국이 남성중심적 사회임을, 남성이 여성보다 더 중요하고 더 긍정적인 존재로 평가받고 있음을 증명한다. 억지가 아니다. 직장 내 성차별·성희롱 처벌의 근거가 되는 법률조차 '여남고용평등법'이 아닌 '남녀고용평등법'이라는 이름을 달고 있다.

5장 혐오와 싸우는 법

남초 집단에서 발언해야 하는 이유

페미니즘은 여성 인권 운동이다. 당사자인 여성이 주체가 되는 것이 바람직하다. 남성 페미니스트는 자신을 협력자ally로 정체화하고 여성이 하기 힘든 역할을 보조적으로 수행하는 것이 효과적이다. 남성이 전면에 나서는 건 명분도 실리도 없으며 여초 집단을 향해 목소리를 내는 것도 치어리딩 이상의 의미는 없다. 페미니즘을 완장처럼 차고 여성에게 접근해 '한남 짓'이나 하지 않으면 다행이다. 남성 페미니스트로서 기능하고 싶다면 일상의 최전선에서 남성들과 대화하자. 내 가치는 그곳에서 빛난다.

답답한 일이지만, 남자들은 남자 말을 잘 듣는다. 중년 남성들이 식당 남직원을 '사장님'으로, 여직원을 '아줌마'로 부르는 것처럼, 전화를 받은 여성에게 다짜고짜 책임자 바꾸라고 말하는 것처럼, 남자들은 은연중에 남자를 더 신뢰하고 남자가 하는 일이 더 가치 있다고 생각한다. 부끄러운 일이지만, 나도 그 덕을 본다. 내 입은 남자 몸에 달려 있어서 더 많은 귀의 간택을 받는다. 내 글도 남자 손에서 나온 덕에 더 많이 읽힌다. 내가 여자였다면? 이 정도 내공과 필력으로 책을 내는 일은 없었을 것이다. 나는 아무리 떠들어도 '김치녀'라고 낙인찍히지 않았다. 되레 '저 놈은 뭔데 저런 소리를 하지?' 하는 호기심을 불러일으켰다. 호기심이야말로 자생적 배움 의지의 원천이 아닌가. 궁금하다는 건 상대의 말을 들을 준비가 됐다는 거니까.

1980~1990년대생 여성들이 페미니즘 리부트를 이끌고 있다. "둘도 많다. 하나만 낳아 잘 기르자" "잘 키운 딸 하나 열 아들 안 부럽다"는 구호와 함께 태어나 집에서는 아들 못지않게 귀하게 자랐고 학교에서는 아들을 앞질렀던 세대다. 무엇이든 될 수 있고 어떤 것도 할 수 있으니 뭐든 꿈꾸라고 배웠다. 그런데 웬걸, 사회에 나왔더니 여자가 타는 커피, 여자가 따르는 술을 찾는다. 이들은 딸이라 배우지 못했고, 경제력이 없어 남편에게 의존해온, 그래서 주체적이지 못했던 엄마처럼 살지 않을 것을 다짐한다. 비혼을 선언하고 출산을 거부한다. 공론장에 뛰어들어 목소리를 낸다. 강남역 살인사건은 촉매에 불과했다. 저항의 분위기는 오래전부터 물씬물씬 피어나고 있었다. 되바라진 여성들이 분란을 일으키는 게 아니라 달라진 세상에 남성들이 적응하지 못하는 게 문제다.

결국 남성들이 바뀌어야 한다. 사랑에 자신의 존재를 걸었던 이들은 지난한 싸움 끝에 다수 이성애자의 동의를 얻어내 동성혼을 합법화했다. 흑인 민권 운동도 기득권 백인의 마음을 움직이는 것으로 성취를 이뤄내고 있다. 선의로 양보를 받든, 힘으로 굴복시키든, 여론으로 압박하든, 결과적으로 소수자 비기득권 집단의 운동은 다수자 기득권의 마음을 돌려야 성공한다.

일상생활에서 만나는 남성들을 설득하고 있다. 쉽지는 않다. 서른 살만 되어도 생각이 잘 바뀌지 않는다. 뇌가 말랑말랑할 때 나서야 한다. 십대는 성인보다 공감 능력이 탁월하고 편견이 적으며 정의감이 강하다. 변화의 가능성이 크고 개선의 여지가 많다. 교사가 새로운 시각과 다른 목소리를 소개하는 것만으로도 학생들 스스로가 깨치고 길을 터나갈 수 있다. 나는 우리 남학생들이 따뜻하고 성숙한 사람으로 성장하면 좋겠다. 적어도 '꼰대'나 '개저씨' 소리는 듣지 않기를 바란다.

평등을 향한 인류의 진보는 멈추지 않는다. 기왕 올 세상이라면 두 팔 벌려 환영하자. 투표권을 위해 경마장에 뛰어든 에밀리 데이비슨Emily Wilding Davison, 1872~1913*과 같은 불필요한 희생을 치르지 말자. 세상이 바뀌려면 내가 변해야 한다. 평등하려면 더 가진 쪽이 불편해야 한다. 한국 사회에서 남성은 기득권이다. 불편함을 있는 그대로 받아들이고, 지금 쥐고 있는 것들을 좀 내려놓자. 남자가 바뀌는 만큼 새날은 빨리 온다.

잘못 겨눈 과녁, 그리고 혐오가 이뤄낸 좌우 통합

IMF를 전후해서 태어나 저성장–양극화 사회에서 줄곧 살아왔다. 신자유주의의 영향을 고스란히 받아 일찍부터 경쟁을 내면화했다. 불투명한 미래와 곳곳에 도사린 위험은 실용주의자를 양산했다. 청소년기에 일베 문화를 접했고, 혐오 코드가 점령한 채팅창과 댓글밭에서 놀았다. '코알라' '슨상님' 같은 일베 용어에 친숙하고 전라도 비하와 김대중·노무현 전 대통

---

* 영국의 여성참정권을 위해 목숨을 던진 최초의 순교자. 영국 더비 경마가 열린 1913년 6월 4일, 그는 경주마를 향해 뛰어들어 심각한 부상을 당했고 나흘 뒤 사망했다. 당시 그녀의 외투에는 'Votes For Women'이라고 적혀 있었다. 영국 정부는 그로부터 5년 뒤인 1918년에 30세 이상 여성에게 투표권을, 1928년에 21세 이상 여성에게 투표권을 부여했다.

령 조롱은 또래 사회의 친목 활동이었다. 10년 전보다 10년 늙었다. 스물일곱에 시작하던 취업 걱정을 열일곱에 시작했고, 열일곱에 시작하던 대학 걱정을 일곱에 시작했다. 입시 경쟁에 함께 뛰어든 엄마를 감시자, 처벌자, 통제자로 인식했다. 엄마 욕을 자유롭게 구사하며 자랐다.

대개 남녀공학 중·고등학교를 다녔다. 공부는 여학생이 잘했다. 미디어는 '알파걸' 열풍을 다뤘고 남학생이 여학생에게 '치인다'고 했다. 한창 게임할 나이에 셧다운제*가 시행됐다. 여성가족부는 없어져야 한다는 원초적 소명 의식을 장착했다. IT 강국을 조국으로 둔 탓에 어려서부터 포르노를 접했다. 성적 대상화보다 한글 습득이 빨랐으면 다행이다. 어린이집부터 고등학교까지 줄곧 여자 선생님을 만났다. 여성이 상급자, 권위자 역할을 맡는 게 어색하지 않다. 성장 과정 내내 눈에 담아온 세상에는 사회적 약자로서의 여성이 없다. 남동생 공부시키려고 누나가 공장

* 16세 미만의 청소년에게 심야 시간의 인터넷 게임 제공을 제한하는 제도로, 자정이 되면 접속이 차단되는 것을 빗대 '신데렐라법'이라고도 불린다. 여성가족부가 주무 부처가 되어 추진했다.

간 서사는 신분제도만큼 낯설고 조선시대만큼 먼 이야기다.

이십대의 보수성은 이념이나 지향보다는 생존전략에 가깝다. 잃을 것이 없으면 변혁적인 사고를 할 것 같지만, 현실이 조금만 달라져도 생존이 위태로워지기 때문에 역설적으로 변화를 거부한다. 지금 다니는 회사가 아무리 싫어도 당장 다음 달 생계가 보장되지 않으면 이직을 꿈꿀 수 없는 것과 같은 원리다. 저소득층으로 갈수록 현 체제를 긍정하는 비율이 높아지고, 시스템의 보호를 받기 힘든 사람일수록 시스템을 동경하는 것은 이런 연유다.

젊은 남성들에게는 사회에서 정상 범주로 인식되는 1인분의 몫을 감당하기 어려울 것이라는 두려움이 있다. 아버지보다 훨씬 열심히 살았는데 아버지만큼 돈을 벌지도, 여자를 만나지도 못한다. 상상을 초월하는 구직난을 뚫고 얻은 일자리는 저임금에 장시간 노동을 요한다. 아버지도 젊었을 때 배고팠다지만, 그때는 오늘보다 내일이 나아질 것이라는 믿음이 있었다. 그런 믿음을 상실한 지금은 애써 고생할 명분이 없다.

이들에게는 열심히 살아도 달라지지 않는 현실

을 설명할 언어가 필요하다. '주변에 잘난 여자가 너무 많다' '아버지 때는 이렇지 않았다' 등. 남성과 여성 중 누가 더 경제적 약자인지 보여주는 지표(경제활동참가율, 고용 안정성, 성별 임금 격차, 평균 근속연수, 성별 직위 분포)가 있지만 심리적으로 느끼는 현실과 괴리되어 있어 신뢰하지 않는다. 보이지 않는 사회 구조 대신 눈앞의 여성에게 분노를 쏟아낸다. '여자가 예쁘면 고시 삼관왕?' '남자는 이렇게 고생하는데 여자는 예쁘면 장땡?' 집약된 분노가 '김치녀'로 수렴한다.

　'김치녀'를 향한 태도는 양가적이다. 갈망하는 동시에 혐오한다. 분열된 심리의 기저에는 경쟁 사회에서 도태될 것에 대한 공포가 있다. 남성이 자원을 독식한 사회에서 여성의 경쟁력은 얼굴과 몸에서 나온다. 미디어도 발맞추어 남자는 능력, 여자는 외모라고 부추긴다. 상상 속 '김치녀' 중에 못생긴 여자는 없다. 알기 때문에 괴롭다. '남자 등골 빼먹는 년'이라 손가락질하면서도 예쁜 여자 만나는 남자는 무척이나 부럽다. 이룰 수 없는 욕망이라면 하찮게 만드는 편이 이롭다. 내가 딸 수 없는 포도의 맛이 신 것처럼, 내가 만날 수 없는 '김치녀'는 값이 헐하다. 이들에게는 현실을 바로 보는 안목이 필요하다. 연대의 경험과 작은 승리의 역사가 쌓여야 한다. 아버지처럼 살 수 없는 건 시대와 계급의 문제다. 지금은 잘못된 과녁을 겨누고 있다.

'오늘의 유머(오유)'와 일베는 각각 진보와 보수를 대표하는 인터넷 커뮤니티다. 둘은 사회 현안을 두고 사사건건 대립해왔다. 2016년 7월, 진보 논객 진중권은 〈매일신문〉에 "나도 메갈리안이다"라는 칼럼을 쓰며 페미니스트를 공격하는 한국 남성의 비열함을 비판했다. 뒤이어 여러 진보 지식인이 우리 사회의 뿌리 깊은 여성혐오를 지적했다. 오유는 '믿었던 진중권이 이럴 줄은 몰랐다'며 '#나도_일베다' 해시태그로 반격했다. 오유와 일베는 반페미니즘 전선에서 최초로 연대에 성공했다. 서로의 커뮤니티를 방문하고 인사를 나눈 이들은 자신들의 합심을 국공합작에 빗대는 놀라운 자의식을 선보이기도 했다.

이듬해 영화배우 유아인의 '애호박 사건'*으로 오유와 일베는 또 한 번 단결했다. 진보 성향의 사회적 발언으로 그간 일베의 표적이 되어왔던 그는 몇몇 페미니스트와 트위터에서 설전을 벌인 이후 일베의 아이돌로 떠올랐다. 놀랍지 않은가. 그 어떤 정치인도 해내지 못했던 좌우 통합, 이념 갈등의 봉합을 페미니즘이 이뤄내다니.

차별의 역사적 연원

거칠게 답해보겠다. 인종차별은 왜 생겼나? 우월한 지리 환경에서 백인 사회가 형성되어 경제력과 군사력으로 흑인 사회를 압도했기 때문이다. 동성애자는 왜 공격받았나? 머릿수가 곧 국력이던 시대에 인구 재생산 기능을 수행하지 못했기 때문이다. 좌파는 왜 탄압받았나? 한국전쟁의 트라우마와 박정희의 남로당 콤플렉스 때문이다. 이유와 역사 없는 차별은 없

• 　2017년 11월, 한 누리꾼이 자신의 트위터에 유아인은 "한 20미터 떨어져서 보기엔 좋은 사람"이라는 글을 올리며 냉장고에 애호박이 하나 덜렁 들어 있으면 그걸 들여다보다가 "혼자라는 건 뭘까?" 하고 코를 찡끗할 것 같다는 묘사를 덧붙였다. 이에 유아인은 "애호박으로 맞아봤음?(코 찡끗)"이라는 답글을 달았고, 그로 인해 '폭력적' '한남'이라는 비판이 쏟아지자 불특정 다수의 누리꾼들과 열흘이 넘게 논쟁을 벌였다. 자신을 향한 비판을 '메갈 짓'이라 총칭하고 '진짜 페미니즘'과 '가짜 페미니즘'을 구분해 논란을 키우기도 했다.

다. 육체노동 천시의 근간에는 성리학적 사농공상 문화가 있었고, 전라도 차별의 바탕에는 지역감정으로 굴곡진 한국의 현대사가 있었다. 차별받은 모든 이들은 사회의 주류가 아니었다. 소수이거나, 힘이 없거나, 돈이 없었다. 말장난 같지만 이들은 약자라서 약자가 되었다.

구석기시대 인류는 수렵과 채집에 의존해 살았다. 안정적 영양 공급이 어려웠다. 불확실성을 줄이기 위해 한 사람만 식량을 구해도 다 같이 입에 풀칠할 수 있는 공동생활을 했다. 새로 태어나는 아이의 아버지가 누군지는 알 수 없어도 어머니가 누군지는 확실했으므로 공동체는 모계 중심으로 꾸려졌다. 남성이 맡은 수렵은 여성이 맡은 채집보다 허탕인 날이 많았다. 재생산력과 경제력 모두 여성이 강했다. 대략 70만 년 동안 인류의 중심은 여성이었다.

1만여 년 전 일어난 신석기혁명이 역사를 뒤집었다. 농경과 목축의 생산성은 신체 조건이 좌우했다. 남성은 육체노동에 탁월한 소질을 보였고 그만큼 지위가 높아졌다. 공동 주거와 집단생활은 해체되었고 공동체는 가족 단위로 재편성됐다. 정착생활이 낳은

잉여 생산물을 두고 패권 다툼이 벌어졌다. 권력과 서열, 위계와 질서가 생겨났다. 씨족 사회에서 부족 사회로, 군장 국가에서 왕정 국가로 이행하며 전투력이 중요해졌다. 남성의 전투력은 여성을 압도했다. 남성의 자원 독식이 가속화됐다.

산업혁명이 일어났다. 일터는 농장에서 공장으로 바뀌었다. 그 옛날 수렵처럼 남성들은 집을 나섰으나 거대한 변화가 있었다. 이번에는 여성들도 함께였다. 기계 조작은 농사만큼 큰 힘을 요하지 않았다. 산업 사회가 고도화될수록 육체적 능력의 몫은 점차 줄어들었다. 지적 능력이 부가가치 생산을 위한 주요 요건으로 자리 잡으며 역사가 또다시 뒤집어졌다. 여성은 능력에 걸맞은 대우를 요구하며 남성에게 빼앗겼던 권력을 하나둘 돌려받기 시작했다.

지난 1만 년은 생산력과 약탈에 명운이 걸린 시대였다. 여성으로 태어나는 순간 세상과 불화할 운명을 얻었다. 음식을 만들고, 아이를 낳고, 가족을 돌보는 부차적 역할이 주어졌다. 재산권과 참정권은 남성에게만 보장됐다. 역차별의 대표 사례로 오늘날 자주 소환되는 병역의무도 과거에는 남성만 누릴 수 있는 특권이었다. 여성은 남성의 사유재산이었고, 국방처럼 신성하고 고된 일을 맡기기에는 하찮은 존재였다.

　　프랑스혁명은 근대 시민의 위대한 도약이었지만 인류의 절반을 비껴갔다. 여성에게 자유, 평등, 박애 같은 격조 높은 기치는 허울조차 없었다. '여성에게 단두대에 올라갈 권리가 있다면 연단에 올라갈 권리도 있어야 한다'고 호기롭게 주장했던 올랭프 드 구주Olympe de Gouges, 1748~1793●는 연단에는 오르지 못한 채 단두대의 이슬로 사라졌다. 1215년, 영국의 존 왕은 마그나카르타●●를 승인했다. 몽골이 고려를 침략하기도 전에 입헌주의를 정착시킨 영국은 민주주의의 종가라 불린다. 그런 나라에서조차 여성참정권이 보장된 건 불과 100년 전의 일이다.

●　　18세기 말에 활동했던 프랑스의 시민운동가이자 페미니스트로, 1793년 11월 3일 파리 혁명광장 단두대에서 처형됐다. "단두대에 선 첫 여성인 마리 앙투아네트가 구체제의 상징이었다면, 두 번째 여성 구주는 혁명이 도달해야 했던 새 체제의 상징이었다."(최윤필) 그는 프랑스혁명 당시 여성에게도 참정권을 부여해야 한다는 혁신적인 주장을 펼쳤다.

●●　　국왕이 할 수 있는 일과 할 수 없는 일을 명시한 문서. 국왕의 절대 권력을 제한하기 시작했다는 점에서 영국 민주주의의 시발점으로 보는 견해도 있으나, 당대에는 이 문서의 작성을 주도했던 귀족의 권리를 강화하는 봉건적 문서에 불과했다.

여학생들 때문에 못살겠다고, 아들 가진 부모들이 난리다. 내신 때문에 남중·남고에 보내겠다는 가정이 적지 않다. 초중고 어디를 봐도 여학생의 학습 능력이 남학생을 앞지른다. 각종 시험에서 여학생들이 수석을 차지한 지는 이미 오래됐고, 정원의 10퍼센트만 여성을 선발하는 육군사관학교에서도 수석 입학과 수석 졸업을 여성 생도가 차지하기도 했다. 이를 근거로 남녀 지위 역전을 주장하는 사람도 나타났고, 채용이나 승진 시 여성 할당제 대신 남성 할당제를 도입해야 한다고 주장하는 사람도 생겨났다. '여성이 남성보다 공부를 잘하는 사회는 여성 우월 사회다'라는 주장은 타당한가? 현실은 정반대다. 학교에서 뛰어난 역량을 보인 여성이 사회에 나가서는 영 힘을 못 쓴다면, 그건 사회가 여성에게 불리한 방향으로 기울어졌다는 증거다.

남고에서 페미니즘을 전합니다

'그때가 좋을 때'라는 말에 청소년들은 동의하지 않는다. 답답한 교복 입고 무거운 가방 메고 쫄래쫄래

걷는 게 뭐 좋다고. 어려서 못하는 게 얼마나 많은데. 어리다고 무시당한 적이 한두 번이 아닌데. 똑같은 걸 해도 십대가 하면 비행이라는데. 존재 때문에 욕먹는 삶이 얼마나 서글픈지 어른들은 모른다. 사회적 약자가 별다른 게 아니다. 할 수 있는 것보다 하지 못하는 게 많으면, 내 존재가 날 구속하면 그게 사회적 약자다. 그런 면에서 '어린놈이 어쩌고저쩌고'와 '여자가 어쩌고저쩌고'는 묘하게 닮았다. 억압은 억압을 이해한다. 십대 남성의 페미니즘 체화 속도가 성인 남성보다 빠른 또 하나의 이유다.

　　학생들에게 자주 말한다. 그대들은 남성에 과한 정체성을 부여하고 있다고. "강릉 사람 이상해" "명륜고 애들 이상해" "교동 주민들 이상해" 이런 말에는 무덤덤한데 "남자들은 이상해"라는 말에 화가 난다면 그건 자신이 남자라는 사실에 큰 의미를 두기 때문이라고. 가까운 여성이 남성에게 받은 피해를 얘기할 때 그 피해에 공감하기보다는 모든 남자들이 다 그렇지는 않다며 발끈하는 이유도 여기에 있다. 당장 내 앞에 있는 사람의 입장에 공감하는 대신 모르는 남자에게 감정을 이입하는 건 내 안의 남성성을 과하게 의식한다는 증거다. 이걸 먼저 내려놔야 한다. 그래야 객관적으로 바라볼 수 있다.

어떤 사람은 학교에서의 내 모습을 '프로불편러'로 상상한다. 강한 신념으로 똘똘 뭉쳐 페미니즘 전파 의지를 불태우며 학교 곳곳에서 투쟁할 것 같다고 예상한다. 전혀 그렇지 않다. 나는 아주 조심스럽게, 매우 은근하게, 슬며시 얘기한다. 연애 시절 아내의 손을 잡고 싶어 마음을 졸였을 때만큼이나 남학생들에게 페미니즘 얘기를 꺼낼 타이밍을 잡는 게 조심스럽다. 국어 교사인 내가 "여러분, 오늘은 성별 임금 격차에 대해 알아볼까요?"라는 식으로 뜬금없이 던지는 경우는 결코 없다.

페미니즘 교육은 대부분 수업을 통해 접근한다. 교과서 텍스트가 도와줘야 가능한 일이다. 가장 최근에 페미니즘을 담아낸 수업은 'un-PC한 표현 PC하게 고쳐 쓰기'* 모둠 발표 수업이었다. 장애, 질병, 성별,

---

* PC는 'Political Correctness'의 약자로, 우리말로는 '정치적 올바름'이나 '도의적 공정성' 정도로 해석할 수 있다. 차별과 편견을 바탕에 둔 언어 사용을 자제하고, 이를 중립적인 다른 표현으로 대체하자는 노력을 PC 운동이라고 부른다.

직업, 인종 등의 영역에서 차별적인 표현을 대체할 새로운 용어를 만들어보는 수업을 진행했다. 이날 학생들은 '처녀작 → 초출작' '외가 → 모가' '신용 불량자 → 저신용자' '비행 청소년 → 이행異行 청소년' 등의 단어를 만들어 발표했다. 이 활동은 《독서와 문법》 교과서 '단어의 형성' 단원에 '차별 표현 고쳐 쓰기' 학습 활동이 있어서 가능했다.

이후 단원에서는 시제, 피동, 사동, 중세국어 등을 공부하고 있는데 이런 내용에서는 수업과 연계해서 할 수 있는 게 거의 없다. 하고 싶은 말, 보여주고 싶은 영상이 많고 읽히고 싶은 기사도 잔뜩 쟁여두었지만 맥락이 없으니 꾹 참고 기다리는 수밖에. 막 던지면 안 된다. 애들이 싫어한다. 내 위주가 아니라 학생 위주가 되어야 효과를 볼 수 있다. 그때까지는 자료 준비에 힘을 쏟는 기간이다. 최근에는 손아람 작가가 강연 프로그램 〈세상을 바꾸는 시간 15분〉에 나와서 역차별을 차별비용으로 해석한 영상이 무척 인상적이었다. 학생들에게 꼭 보여주고 싶어서 수업 자료 서버에 쟁여놓고 있다. 맥락 네 이놈 어서 나와라. 언제라도 출동할 수 있게.

나는 학생들과 시시콜콜한 이야기를 자주 나눈다. 학생들도 내 수업을 편하게 여겨 '드립'을 툭툭 친다. 젊은 교사라서 누릴 수 있는 특권이다. 고매한 프로이트 선생께서는 인간의 진심이 말실수에서 드러난다고 일갈하신 바 있다. 별생각 없이 던진 말일수록 속마음이 묻어나기 마련이다. 힘껏 귀를 기울였다가 걸렸다 싶으면 빠르게 받아친다. 최근에도 한 건 했다.

요즘 어떤 반에서는 친구를 엄마 이름으로 부르는 게 유행이다. 나에게 "승범아"라고 하지 않고 우리 어머니 이름인 "은희야"라고 하는 식이다. 즉시 개입했다. "거기 ○○, 방금 엄마 이름 불렀죠? 왜 그랬어요?" 그럼 교실이 조용해진다. 선생님이 뭐라 말할지는 모르겠으나 친구 엄마 이름을 함부로 부르는 게 좋지 않은 행동이라는 건 아니까.

교실에 냉기가 돌면 학생들의 집중력이 최고조에 이른다. 내가 하는 말 한 마디 한 마디에 세포로 반응한다. 나는 학생 모두에게 물었다. 아빠 이름으로는 친구를 안 부르면서 왜 엄마 이름으로만 친구를 부르냐고, 무슨 말이든 좋으니 솔직하게 말해달라고 요청했다. 한 친구가 대답했다. "아빠 이름 부르는 건 기분이 안 나쁜데, 엄마 이름을 부르는 건 기분이 나빠요."
엄마 이름 부르는 건 왜 기분이 나쁜지 다시 물었다.
"엄마는 제게 가장 소중한 사람이니까요." "엄마는 절
위해 희생하니까요." "아빠는 건드려도 되지만 엄마는
건드리면 안 돼요. 그냥 그래요."

　　　내 얘기를 시작했다. "맞아요. 선생님 가족을 봐
도 엄마가 아빠보다 많이 희생해요. 저도 우리 엄마가
참 불쌍해요. 엄마로 살기 참 힘들겠다, 그렇죠?" 그럼
아이들의 얼굴이 자못 심각해진다. 각자 자기 엄마의
얼굴을 떠올리는 중일 것이다. 우리 엄마는 왜 그렇게
힘들게 살까. 우리 엄마는 왜 나한테 무조건 잘해줄까.
마음 같아서는 거기서부터 시작해 여성의 인생을 조
망하는 데까지 질주해보고 싶었지만 그러지 않았다.
급히 먹으면 체하니까. 이제부터 천천히 학생들과 엄
마 얘기를 해보려고 한다. 남자를 페미니스트로 만드
는 첫 번째 지점은 엄마의 인생에 죄책감을 느끼는 데
있다고 믿으므로. 단, 그게 아내를 착취하는 방식으로
이어지지만 않는다면.

학생들의 비난에 대처하는 법

올여름이었다. 점심시간에 학교 도서관을 찾았다. 책을 한참 뒤적이는데, 건너편 서가에서 1학년 학생들이 나누는 대화가 들렸다. 신간 입고 소식에 구경하러 온 친구들이었다. 그달에도 내가 신청한 페미니즘 책들이 신간 코너에 한가득 있었다.

"우리 학교 도서관에는 이런 책 왜 이렇게 많냐?"

"2학년 가르치는 키 큰 국어 쌤이 신청하는 거라는데?"

"형들이 그러는데 그 쌤 메갈이래."

"근데 세월호 배지 나눠 주던 쌤이잖아. 좋은 사람 같던데."

"뭐 그럼 이유가 있겠지."

"사람들은 옳은 사람 말 안 들어. 좋은 사람 말을 듣지." 최규석의 웹툰 〈송곳〉에 나오는 대사다. 학생들도 마찬가지다. 똑똑한 선생님 말 안 듣는다. 좋은 선생님 말을 듣지. 학생들에게 페미니즘을 전수하고 싶다면? 해박한 지식과 방대한 사례로 무장하는 것도 중요하지만, 그 전에 좋은 선생님이 되는 것이 먼저

다. 그래야 학생들의 귀를 열 수 있다. 좋은 선생님 되는 거, 생각보다 어렵지 않다. 학생을 하대하지 않으면 된다. 동료 교사를 대하는 것처럼 학생을 대하면 된다. 전혀 어렵지 않은 일이지만 알량한 자존심이 문제다.

교사가 학생들의 주장을 존중하고 학생들의 의견을 따르면 '애들한테 휘둘린다'고 생각하는 사람들이 있다. 고루한 시스템, 경직된 학교 문화, 과거에 매몰된 교사들이 그렇다. 단단히 착각하고 있다. 이곳은 정글이 아니고 학생은 맹수가 아니다. 학생들은 누르고 억압해야 할 대상이 아니다. 지식과 경륜에는 위아래가 있을 수 있어도, 인격과 인권에는 위아래가 없다. 의견을 존중하고, 예의를 갖추고, 함부로 말하지 않고, 목소리에 귀 기울이면 좋은 선생님이 될 수 있다. 관리자, 감시자, 징벌자의 태도를 내려놓으면 학생들과 가까워질 수 있다. 격 없이 통하는 게 먼저다. 가까운 사람, 친밀한 메신저를 통해 들어온 메시지는 마음에 들지 않는 내용을 담고 있어도 쉽게 공격받지 않는다.

볼멘소리를 하는 학생이 전혀 없지는 않다. 올해에도 교원 평가 주관식 설문에 "여자 편을 너무 많이 들어서 가끔 기분 나쁨"이라는 응답이 있었다. 섭섭한

마음도 들지만, 충분히 그럴 수 있다고도 생각한다. 이 친구들은 젠더 권력을 제대로 누려본 적이 없다. 경제 권력은 아예 없고, 나이 때문에 핍박받은 기억이 훨씬 더 많다. 그들의 고충을 이해하고 공감하려 한다. 성인-청소년의 관계에서는 내가 가해자임을 솔직하게 인정하고, 때로는 내가 교사로서 학생 인권을 탄압하는 데 복무하고 있다는 사실에 미안함을 표하기도 한다.

하지만 남성-여성 관계에서는 우리 남자들이 문화적·사회적 젠더 권력을 누리고 있다는 점을 알려주려 한다. 늦은 밤 귀갓길이 무섭지 않은 것, 몰래카메라의 공포를 느끼지 않고 살아가는 것, 불쾌한 말과 터치에 기분 상하지 않는 것, 옷매무새를 단속하지 않아도 되는 것, 그것만으로도 삶의 질이 월등히 높아진다는 것을 설명한다. 어느 학교나 여자 선생님이 많지만 교장과 교감은 대부분 남자라는 사실이 이상하지 않느냐고 묻는다. 남자 교사에게는 차마 하지 못할 말과 행동을 여자 선생님에게 할 수 있다면 그게 성차별이고 젠더 권력의 발현이라는 말도 전한다. 우리는 결백할지라도 남성들이 가해자가 되어 여성을 괴롭히는 일이 잦다는 것, 여성의 입장에서는 얼굴만 보고 누가 가해자인지 알 수 없는 노릇이니 모든 남성을 경계하게 된다는 것, 그러니 나 또한 싸잡혀 욕을 먹으면 여성을 향해서가 아니라 '그 남자들'을 향해서 분노하자는 것, 그게 도덕적이고 정의롭다는 것. 이런 얘기를 자꾸만 전해주려 한다.

지금 당장은 받아들이기 힘들더라도 살다가 한 번은 내가 했던 말, 내가 보여준 영상이 생각날 때가 있으리라 믿는다. 내 수업이 효과를 발휘하는 순간은 지금이 아니어도 좋다. 차곡차곡 의식의 저변에 쌓인 것들이 언젠가는 똬리를 풀고 드러날 것이다. 한 반에 한 명만 생각이 바뀌어도 충분히 보람되고 가치 있는 일이다. 우리 학생들이 언젠가 나와 비슷한 말을 하는 사람을 만나게 된다면 '옛날 국어 선생님이 이런 말을 했었지' 하고 떠올려주면 좋겠다. 대척점에 선 주장을 접했을 때 '이거 우리 선생님은 다르게 말했는데' 하고 잠깐이라도 멈칫해주면 좋겠다.

동지는 어떻게 규합하는가
페미니스트의 자질을 뭉게뭉게 피우는 선생님

들이 간혹 있다. 냄새를 맡으면 먼저 책부터 선물한다. 최근에는 《82년생 김지영》《예민해도 괜찮아》《당신이 계속 불편하면 좋겠습니다》《싸울 때마다 투명해진다》를 동료 교사들에게 선물했다. 영화도 가끔 추천한다. 여름방학을 즈음해서는 〈서프러제트〉가 재미있다고 이 사람 저 사람에게 문자를 날렸다. 3월 8일 세계 여성의 날에는 학교에 계신 모든 여자 선생님과 인권 감수성이 돋보이는 몇몇 남자 선생님에게 장미 모양 초콜릿을 선물했다. 초콜릿 뒷면에는 여성의 날을 소개하는 짤막한 글을 붙였다. 동료 선생님들과 공유하는 카톡방에 의미 있는 영상, 숙고할 만한 기사를 공유하기도 한다.

　　현재 내 레이더망에는 남자 선생님 둘이 있다. 늘 그렇듯 내 타깃은 남자다. 그들은 내 레이더망에 본인이 있다는 사실을 까맣게 모를 것이다. '2019년 독서 모임 결성'을 혼자만의 목표로 세우고 열심히 작업 중이다. 두 분 다 인권 감수성이 예민하고 학생을 존중하는 교사다. 학생을 존중하는 교사는 약자의 목소리에 귀 기울일 준비가 된 사람이다. 다른 차별에 예민한 사람은 성차별도 쉽게 인지하고, 여성의 고통에도 어렵지 않게 공감한다. 이런 사람은 페미니즘의 언어를 가감 없이 받아들일 가능성이 높다.

학생들 중에서도 될성부른 떡잎이 보인다. 요즘 교실에서 누가 힘든지, 누가 외로운지 귀신같이 아는 친구들이 있다. 그 친구는 아픈 사람을 그냥 지나치지 못한다. 거리에서 할머니가 귤을 팔면 귤을 사 오고, 버스 정류장에서 돈을 구걸하는 사람이 있으면 동전 몇 개라도 건넨다. 인간애가 있는 학생은 페미니즘도 쭉쭉 빨아들인다. 리베카 솔닛은 그의 책《여자들은 자꾸 같은 질문을 받는다》에서 흑인 남성이 백인 남성 보다 페미니즘을 잘 이해한다고 말했다. 고기도 먹어 본 놈이 잘 먹는다고, 차별도 받아본 사람이 잘 안다. 성소수자와 페미니스트가 연대하는 것, 페미니스트 중에 채식주의자가 많은 것도 자연스럽다.

학교 밖에서는 청년들과 독서 모임을 하고 있다. 매달 한 권씩 1년에 열두 권을 함께 읽는다. 열두 권 중 두 권이 페미니즘 도서다. 매달 책을 정하는 게 생각보 다 어려운 일이라, 다들 머뭇거리는 타이밍을 차고 들 어가 냉큼 추천하고는 한다. 2017년 올해의 책 투표에 서는 은유 작가의《싸울 때마다 투명해진다》가 1위를 차지했다. "일, 연애, 결혼, 역할에 수시로 울컥하는 여자의 말하기"라는 소개를 달고 있는 책이다. 이 책을 읽는 사 주 내내 여러 사람이 눈물을 훔쳤고, 갱생했으며, 투사로 거듭났다.

2017년 8월부터는 강릉 지역에서 평화의 소녀상 지킴이 '평화등대' 활동을 하고 있다. 수요일마다 사진을 찍고, 한 달에 한 번 수요 집회를 연다. 국가 폭력과 전쟁범죄, 가부장제와 여성 인권을 고민하는 좋은 계기가 되고 있다. 다른 시민운동에 비해 대중적이고 진입 장벽이 높지 않아 새로운 사람도 많이 만날 수 있다. 더 많이 만나서 더 많은 동지를 규합하고 싶다. 우리는 연결될수록 강하니까.

유리한 쪽보다 유익한 쪽에 서기

나는 남성이다. 가부장제가 유지되고 세상이 바뀌지 않는 게 내게는 유리할 수 있다. 돈 한 푼 안 벌어와도 '마누라' 안 때리면 괜찮은 남자 취급을 받았던 할아버지 시대가 남자로 살기에는 더 편할지 모른다. 마음대로 여성의 몸을 훑고 외모를 평가하고 막말을 던져도 누가 뭐라 하지 않던 아버지 시대가 남자로 살기에는 더 자유로울 수 있다. 까마득한 옛날이야기가 아니다. 여직원 엉덩이 두드리는 일로 하루 일과를 시작했던 게 고작 30년 전 직장 문화다.

요즘 한창 학생들과 진로 상담, 성적 상담을 한다. 각자 자기 색깔에 맞게 다양한 장래희망을 품고 있다. 서른 명도 안 되는 우리 반 학생들의 장래희망은 군인, 경찰, 소방관부터 간호사, 요리사, 미용사까지 다채롭다. 여고에 있을 때를 떠올려보면 남학생이 희망하는 진로의 폭이 여학생보다 넓다는 생각이 든다. '여자 직업으로 ○○만 한 게 없다'는 말은 해도 '남자 직업으로 ○○만 한 게 없다'는 말은 하지 않는 것처럼 실제로도 남학생은 여학생보다 직업 선택의 장에서 자유롭다.

우리는 농담으로라도 '남자와 북어는 사흘에 한 번씩 패야 한다' '수탉이 울면 집안이 망한다' '남자 셋이 모이면 접시가 깨진다' 같은 말을 하지 않는다. 아이들은 진취적인 여주인공이 위기에 빠진 왕자를 구하는 애니메이션을 보고 자라지 않는다. 남자가 한 가지에 골몰하면 끈기가 되지만, 여자가 한 가지에 골몰

하면 집착이 된다. 남자가 싸우면 '싸우면서 크는 거'라고 하지만 여자가 싸우면 '여자의 적은 여자'라고 한다. 남자가 날카로우면 카리스마가 있는 거지만 여자라면 기가 센 것이 된다. 남학생이 성을 내면 화가 났다고 말하지만, 여학생이 성을 내면 삐쳤다고 말한다. 우리는 아주 어린 나이부터 여성성을 소극적이고 부정적인 것으로 학습한다.

여성과 남성이 동등한 교육을 받고 자라지만 남성의 의식은 여성만큼 자라지 않았다. 기성세대의 행동 문법을 답습하는 장치가 도처에 널려 있기 때문이다. 21세기에 태어난 아이들조차 여성은 보조적으로, 남성은 주체적으로 그려지는 만화를 본다. 영유아의 우상 〈뽀롱뽀롱 뽀로로〉에서도 열한 명의 캐릭터 중 여성은 둘뿐이다. 그들마저도 연보라색, 분홍색 옷을 입고 나와 남성 캐릭터들이 일으킨 말썽을 수습하고 요리를 해준다.

여자아이들은 어릴 때부터 주방을 기웃거리거나 음식을 나른다. 왜? 여자 어른들이 다 거기 있으니까. 남자아이들은 방에서 놀거나 텔레비전을 보다가 음식이 차려지면 자리에 앉는다. 왜? 남자 어른들이 그러고 있으니까. 여자애가 행주로 밥상을 닦으면 우리 누구 착하네, 벌써부터 잘하네, 칭찬을 한다. 남자애가 그러면? 옛날처럼 '고추 떨어진다'는 말은 안 해도 우리 누구 기특하다며 여자애만큼 칭찬하지도 않는다. 착한 아이 콤플렉스-개념녀 프레임-모성 이데올로기로 이어지는 사슬은 여성을 한평생 가부장제에 가둔다.

신분차별이, 인종차별이, 성차별이 당연하던 때가 있었다. 왼손잡이라서, 머리 색깔이 달라서, 질병에 걸려서 차별받던 때가 있었다. 혼자 사는 여자를 마녀로 몰아 화형하고, 결핵을 마귀가 들린 것으로 확정해 고문하고, 정신질환을 악마의 저주로 판결해 사람을 죽이던 때가 있었다.

공포와 광기가 지배하는 세상에서는 누구도 행복할 수 없다. 역사는 평등권을 확대하는 쪽으로, 소수자 보호를 강화하는 쪽으로 진보해왔다. 여성은 역사상 가장 오래된, 그리고 가장 많은 수의 마이너리티다. 이 문제를 딛지 않고서는 평등도, 평화도 없다. 먼 미래를 보고 긴 호흡으로 살자. 나에게 유리한 쪽보다 우리에게 유익한 쪽에 서서.

함께 지옥에서 살아가기 위하여

지구촌 곳곳이 페미니즘으로 들썩인 2017년에
도 내 일터는 고요했다. 정치적 중립지대일 것을 요구
받는 학교 조직의 특성 때문일까. 사회 변화에 무딘 지
방 사립학교의 한계일까. 그도 아니라면 남학생과 남
교사로 가득한 집단이라 남의 일처럼 여겼던 걸까. 페
미니스트 교사와 초등성평등연구회를 둘러싼 한바탕
소란은 같은 업계에서 일어난 일이었음에도 불구하고
내가 디딘 언덕에서는 찻잔 속 태풍과 같았다.

　　현재 나와 함께 공부하는 남고생들은 절반 이상
이 남중을 나왔다. 남자끼리만 생활해온 이 학생들이
여성의 삶을 이해하지 못하는 건 어쩌면 당연한 일 같
기도 하다. 하지만 그렇다고 그게 괜찮은 걸까. 21세
기의 국어 교과서에서도 단정적이고 명령적인 투를
'남성적 어조'로, 부드럽고 차분한 투를 '여성적 어조'
로 설명하고 있는데. 그렇게 배운 학생들의 사고방식
은 기성세대와 다르지 않다. 남자는 여자를 지켜줘야
하고, 여자를 때리는 건 남자답지 못한 행동이며, 여자
는 얼굴이고 남자는 능력이기 때문에 돈을 많이 벌 거
라고 한다. 자신은 좋은 배우자가 되고 싶으므로 결혼
하면 가사노동을 많이 '도와줄' 거라고 말한다.

전국의 모든 초중고에서는 매년 성매매 예방 교육, 성폭력 예방 교육을 한다. 법적 의무로 규정되어 있지만 기록을 남기고 사진을 찍기 위해 형식적으로 하는 학교가 대부분이다. 그래서인지 전문가가 방문해 열정적으로 강의하는데도 학생들에게는 의미 있는 시간이 되기 어렵다. 넓은 강당에 수백 명을 앉혀놓고 하는 말이 제대로 전달될 리 없다. 강사의 진지한 물음에 짓궂은 장난으로 답하는 학생들 때문에 오히려 역효과가 나기도 한다. 그 때문에 장애 이해 교육과 집단 상담처럼 1교실 1교사로 해줄 것을 관련 기관에 건의했으나 현재로서는 어렵다는 답을 받았다. 정책을 입안하고 결정하는 사람들에게 성인지 교육, 성평등 교육은 한참 후순위라는 느낌이 들었다.

장기적으로는 공교육 영역에서 페미니즘 교육이 의무화되길 바란다. 전국의 모든 16세 고등학생에게 《우리는 모두 페미니스트가 되어야 합니다》를 나눠 주는 스웨덴처럼 우리에게도 국가 차원의 성평등 교육이 필요하다. 교육이 개입하면 적은 비용으로도 큰 사회적 갈등을 예방할 수 있다.

페미니즘 수업을 하면서 학생들이 변하는 걸 보

면 희망이 생긴다. '결혼하면 집안일을 많이 돕겠다'는 친구의 말에 '돕는 게 아니라 같이하는 거'라고 말하는 친구가 생겼다. 장애인을 비하하지 말라며 다수의 학생이 목소리를 높이거나 "이 단어도 차별인가요?" 하고 물어오는 학생도 생겼다. 성매매 여성을 가리켜 '어떻게 몸을 파냐'는 친구에게 '그 사람 사정도 모르면서 막말하면 안 돼' 하며 다른 친구가 핀잔을 주기도 한다. 이 친구들이 타인을 함부로 평가하거나 손가락질하지 않는 어른으로 자랄 것이라 믿는다.

촛불정부의 최대 화두는 적폐청산이다. 적폐의 범위는 짧게는 구 년, 길게는 해방 전후까지 거슬러 올라간다. 소득 불균형, 권위주의, 정경유착, 정치혐오, 성장만능주의, 지역감정, 학벌주의 등 타파해야 할 폐습이 무수히 많다. 얼마나 오래, 얼마나 많은 자원을 투입해야 '비정상의 정상화'가 성공할 수 있을까. 가늠하기 힘들다.

가부장제가 낳은 적폐의 역사는 얼마나 될까. 짧게 잡아도 수백 년에 이르고, 길게 보자면 신석기혁명에까지 다다르지 않을까. 너무 만연해 자연스럽기까지 한 탓에 인식하지 못할 뿐 이 방면의 적폐야말로 상상을 초월할 만큼 광범위할 것이다. 인류의 일대기와 함께해온 유구한 성차별의 역사는 의식 저변에 자리를 잡아 부지불식간에 사고를 규율하고 행동을 통제한다.

대한민국에서 결혼은 가족 간 결연이기도 하다. 결혼 이전까지는 독립적인 개인으로 살더라도 결혼 이후로는 남편과 아내로서 평가받는 일들이, 더 큰 가족 단위의 구성원으로서 요구되는 역할이 적지 않다. 혼인으로 생긴 관계들과 그 사이에서 벌어지는 긴장 또한 녹록하지 않다. 기혼남으로 살아온 시간은 짧지만 벌써 여러 차례 느꼈다. 한국에서 남편 하기는 쉽고 아내 하기는 어렵다는 것을.

짝꿍의 주변 사람들 사이에서 나는 꽤 괜찮은 남편으로 알려져 있다. 돈을 벌어 오면서 가사노동도 하고, 술과 담배를 안 하고, 퇴근하면 곧장 집에 들어온다고. 그런데 이 모든 것은 짝꿍에게도 해당되는 얘기다. 하지만 내 주위 사람들은 그런 이유로 짝꿍을 좋은 아내라 이야기하지 않는다. 남자는 기본만 해도 칭찬을 받는데. 남편으로 살기 참 쉽다.

아침밥은 얻어먹고 다니느냐는 말, 정말 많이 들었다. 1년 동안 스무 번도 넘은 것 같다. 처음에는 밥 얻어먹으려고 결혼한 거 아니라고 대답했는데, 길게 이어지는 말들이 귀찮아서 요즘은 그냥 그렇다고 대답하고 만다. 짝꿍한테 저런 말 들어봤냐고 물었더니, 피식 웃으면서 "남편한테 아침밥은 해줘?"라는 소리는 많이 들어봤다고 한다. 아내로 살기 참 어렵다.

짝꿍은 내 동생을 "도련님, 도련님" 하고 부른다. 나도 짝꿍의 동생을 "처제님, 처제님" 하고 부른다. 처댁 식구들은 형부랑 처제가 언제까지 내외할 거냐며 이제 그만 편하게 말을 놓으라고 몇 번을 말씀하셨는데, 친가 쪽 식구들이 우리 짝꿍한테 왜 시동생과 존대하며 내외하느냐고 말씀하시는 건 들어본 적이 없다. 둘 다 배우자의 동생인 건 똑같은데, 참 이상하다.

친가에서 밥을 먹으면 우리 어머니가 음식을 차리고 짝꿍이 설거지를 한다. 처댁에서 밥을 먹으면 할머님께서 음식을 차리시고 내가 설거지를 한다. 친가 식구 중 누구도 설거지하는 짝꿍을 이상하게 생각하지 않지만, 처댁 식구들은 내가 설거지를 할 때마다 큰일이 난 듯 안절부절못하신다. 며느리를 딸처럼, 사위를 아들처럼 여기겠다는 말은 예식장 밖에서도 유효해야 한다. 우리 식구가 먹은 밥그릇, 아들이 씻는다는 데 말릴 이유가 없다.

원고를 쓰면서 세 명의 여성을 여러 차례 떠올렸다. 어머니와 짝꿍과 딸이다. 나는 어머니의 삶을 통해 페미니즘을 배웠다. 열 달 동안 그녀에게 기생했고, 수십 년째 돌봄을 받고 있다. 내가 태어난 뒤로 어머니는 자신의 이름을 잃고 '승범이 엄마'로 살아왔다. 평생 동안 자신을 불살라 가정을 지탱해온 조은희 님을 보며 내가 가부장제의 수혜자이자 가해자로, 또한 그 이데올로기의 공모자로 복무해왔음을 깨달았다. 어머니는 내년이면 육십갑자를 한 바퀴 돈다. 코르셋 벗기에 딱 좋은 나이이다. 아들이 열정적으로 도울 것이다.

페미니즘을 알게 된 뒤로 "결혼은 남자한테나 좋지, 여자는 무조건 손해"라고 동네방네 떠들고 다녔다. 그랬으면서도 나는 결혼을 했고 곧 아이가 태어난다. 짝꿍은 주변 사람들에게 페미니스트 남편을 만나서 행복하겠다는 말을 듣지만 내가 어떤 사람인지 알기에 늘 고맙고 미안하다. 말과 글과 삶이 일치하는 반

려자가 될 수 있도록 노력하겠다. 무엇보다 그녀가 김혜영의 이름으로 사는 데 가족이 굴레가 되는 일은 없게 할 것이다.

책 쓰는 일이 이렇게 힘든 줄 미처 몰랐다. 분수를 몰랐다고 자주 후회했지만 곧 태어날 딸을 생각하며 기운을 냈다. 핑크와 리본에 가두지 않고, 성 중립적인 환경에서 성장할 수 있도록 도울 것이다. 이 아이가 여자라서 꿈을 꺾지 않고, 여자라서 참지 않으며, 여자라서 자기를 단속하지 않아도 되는 세상에서 존엄한 개인으로 살아갈 수 있으면 좋겠다. 그런 세상을 만드는 데 이 책이 아주 작은 기여라도 할 수 있기를 바란다.

남페미를 위한 커리큘럼

더 읽으면 좋은 책을 소개한다. "어떤 책부터 읽으면 좋은가요? 어떤 순
서로 읽어야 하나요?"라고는 묻지 말아달라. 페미니즘이 하나가 아니듯
공부하는 방법도 하나가 아니다. 모두 의미 있고 좋은 책이니 어떤 순서
로 읽어도 좋다. 체계 없이 주관적으로 소개했고, 어려운 책은 가급적 제
외했다. 열 개의 테마로 거칠게 분류했으니 취향에 따라 골라보시기를.

──── 페미니즘이 처음이세요?

이제 막 페미니즘에 입문하려는 사람. 페미니즘은 하나도 모르
지만 요즘 대세라고 하니 한 권 정도는 읽어봐야겠다는 사람. 여
기서 골라보자. 쉽고 짧은 책들이다.

《우리는 모두 페미니스트가 되어야 합니다》 치마만다 응고지 아디치에,
김명남 옮김 | 창비, 2016

페미니즘 입문서로 가장 많이 회자되는 책이다. 유튜브에서 250
만 명 이상이 시청한 영상을 글로 옮겼다. 인터뷰를 제외하면 40
쪽밖에 안 되고 내용도 쉬우니 금방 읽을 수 있다. 많은 사람들
이 페미니즘을 편협하다고 생각한다. 어떤 사람은 페미니즘 대
신 휴머니즘이나 '이퀄리즘'을 쓰자고도 한다. 혹시 당신도 그렇
게 생각해봤다면 꼭 읽어보자. 페미니즘이 왜 모두를 위한 운동

인지, 'femi-'로 시작하는 단어가 왜 필요한지, 도덕적이고 중립적으로 보이는 '양성평등'이라는 표현이 어떤 방식으로 당사자를 지우고 구체적 맥락을 소거하는지 콕 집어 말해준다. 우리 모두는 페미니스트가 될 수 있고, 되어야 한다. 페미니즘은 여성만을 위한 것이 아니라 여성과 남성 모두를 위한 것이기 때문이다.

《페미니스트, 마초를 말하다》 클레망틴 오탱, 류은소라 옮김 | 미래의 창, 2016

누나가 남동생의 질문에 답하는 형식으로 페미니즘의 역사와 주요 쟁점을 쉽고 명쾌하게 짚는다. 자유, 평등, 박애의 나라인 프랑스조차 젠더 문제에서는 우리와 크게 다르지 않다는 사실에 당혹감과 안도감이 함께 밀려온다. 저자는 전통적 성역할과 성차별적 고정관념이 전승되는 과정을 지적하고, 언어와 문화를 통해 지배 관계가 공고해지는 사회 구조를 비판한다. 엄마의 육아는 생활이지만 아빠의 육아는 예능인 게 황당하다면, 여자 연예인을 군대에 보내 스펙타클로 소비하는 〈진짜 사나이〉가 불편하다면, 사십대 남자 주인공으로 가득한 한국 영화에 문제의식을 느낀다면 이 책을 읽어보자. 설명하기 어려웠던 찜찜함을 풀어주는 책이다.

《나의 페미니즘 공부법》 하루카 요코, 지비원 옮김 | 메멘토, 2016

온갖 성희롱과 차별적 언사에 '제대로' 맞서보려는 일본 여자 연예인의 분투기다. 여자 연예인의 가치가 얼굴과 가슴 크기로 정해지는 일본 연예계는 한국보다 상황이 더 심각하다. 저자 하루카 요코는 그 바닥에서 10년을 살았다. 그간 생긴 사리로 목걸이도 꿸 즈음, 그녀는 제대로 싸우기로 결심하고 '일본에서 가장 무서운 여자' 우에노 지즈코를 찾아가 페미니즘을 배운다. 그로부터 시작되는 그녀의 성장기. 때로는 무협지 같고, 때로는 버디 무비 같다. 뿌듯하고 뭉클하게 읽힌다. 공중파에서 밀려났지만 팟캐스트로 자력구제에 성공한 송은이와 김숙이 자꾸만 떠오르는 책이다. 일본 남자들의 '아무 말' 내공에 묘한 기시감이 드는 건 보너스 재미.

——여성의 삶을 이야기로 만나요

난 딱딱한 글은 질색이야. 읽는 맛은 소설이 제일이지. 책은 별로지만 영화는 좋아. 그런 사람이라면 스토리를 만나자. 몰입도 최강의 소설들이 기다리고 있다. 공감 능력이 뛰어난 남자라면 완독 후에 심히 우울해질 것이다. 다음 중 어떤 책을 읽더라도.

《82년생 김지영》조남주 | 민음사, 2016
50만 부 이상이 팔린 2017년의 베스트셀러다. 정의당 노회찬 원내대표가 문재인 대통령에게 선물해 화제가 되기도 했다. 나도 여섯 권을 사서 동료 남자 선생님들에게 네 권을 선물하고 학급문고에 꽂아뒀더니 우리 반 남학생들도 꽤 읽었다. 출생부터 육아까지 여성의 인생 마디마디에 존재하는 성차별적 요소를 자세히, 현실적으로 묘사했다. 마지막 장을 덮고 나서 '한국에서 여자로 사는 게 이렇다고?' '좀 과장 아니야?' 하는 생각이 들면 가까운 여성 아무나 잡고 물어보시라. 소설이 아니라 다큐를 봤다는 걸 깨달을 것이다. 9년 차 '쪼렙' 국어 교사로서 확신한다. 이 책은 머지않아 교과서에 실린다. 그러고 보니 온건 마초 동생에게는 선물을 안 했네. 한 권 더 사야지.

《현남 오빠에게》 조남주, 최은영, 김이설, 최정화, 손보미, 구병모, 김성중 | 다산책방, 2017

삼사십대 여성 작가들이 페미니즘이란 테마로 모인 소설집이다. 우리도 이런 책 한 권쯤은 가질 때가 되었다. 자신을 좋은 남자친구라고 생각하는가? 〈현남 오빠에게〉를 읽자. 가족 뒤치다꺼리하느라 어머니가 평생 고생하셨는가? 〈당신의 평화〉를 읽자. 스스로 좋은 아빠라 자부하는 '딸바보'인가? 〈경년更年〉을 읽자. 거의 모든 영화의 주인공이 남자인 게 이상하지 않은가? 〈모든 것을 제자리에〉와 〈이방인〉을 읽자. 밤길을 두려워하는 여성의 심리가 이해되지 않는가? 〈하르피아이와 축제의 밤〉을 읽자. 페미니스트 중에 채식주의자가 많은 이유가 궁금한가? 〈화성의 아이〉를 읽자. 이 모든 것에 해당되지 않더라도 부항 마니아라면 이 책을 읽자. 쉴 새 없이 뜨끔뜨끔하다.

《이갈리아의 딸들》 게르드 브란튼베르그, 히스테리아 옮김 | 황금가지, 1996

유튜브에서 러닝타임 10분의 프랑스 단편 영화 〈억압당하는 다수〉를 먼저 보고 읽으면 더욱 좋다. 페미니즘의 고전이자 미러링의 끝판왕이며 내가 'sonofegalia'라는 아이디를 쓰는 데 영감을 준 책이다. 첫 페이지부터 훅 들어온다. "애는 남자가 봐야지." 남성과 여성의 성역할이 완전히 뒤바뀐 가상 세계 이갈리아에서는 여성이 사회생활과 경제활동을, 남성이 육아와 가사를 전담한다. 인간의 기본형이 여성이므로 man(남성)-woman(여성)이 아니라 wom(여성)-manwom(남성)이다. 남성들은 얌전함과 조신함을 강요받으며 성장하고, 사춘기에는 성기 보정용 속옷 '페호'를 착용한다. 남성해방 운동에 참여한 페트로니우스가 페호를 불태울 때 카타르시스를 느꼈다면? 연대하자. 당신은 페미니스트다.

———기울어진 운동장을 인정하지 않는 당신에게

여자가 기업 요직에 없는 거? 노력을 안 해서 그런 거지. 여성 국회의원이 드문 거? 그만큼 능력이 없다는 거지. 성평등? 이미 다 이뤄졌는데 뭐. 성차별은 무슨 성차별이야, 요즘은 여자가 살기 좋지. 이렇게 생각하는 사람들은 제발 읽어보세요.

《잃어버린 임금을 찾아서》 이민경 | 봄알람, 2017

"여자가 돈을 적게 버는 건 힘든 일은 안 하려고 해서 그런 거야. 공대 좀 봐, 거기 여자가 어디 있어?" 이딴 소리 하는 '꼰대'들이 있다면 이 책을 얼굴에 들이밀자. 가벼운 데다가 때깔도 곱다. 문체도 시원시원하다. 엄청난 스포일러를 하나 하겠다. 여성은 왜 적게 버는가? 이유는 많다. 유리천장, 경력단절, 취업차별, 가사노동, 진로 선택, 성취 폄하, 가정의 차등 지원 등. 그런데 이런 원인은 성별 임금 격차가 100이라고 할 때 40밖에 설명하지 못한다. 나머지 60의 이유는 어이없게도 '여성이라서'다. 어떤 직군에 여성이 많아지면 단지 그 이유 때문에 임금 수준이 떨어진다. 장난하지 말라고? 진짠데. 못 믿겠으면 읽어보시라.

《괜찮지 않습니다》 최지은 | 알에이치코리아, 2017

대중문화 관련 업계에서 신입사원 필독서로 지정하면 국격을 올릴 수 있는 책이다. 영화에서도, 텔레비전에서도 사십대 여자 연예인을 보기 힘든 이유가 뭘까? 왜 어떤 남자들은 여자를 갈망하면서 동시에 증오할까? 왜 영화사는 저작권 침해에도 '엑기스 영상'을 방치할까? 저자는 '미운 놈 패주기'를 살짝살짝 곁들이며 이 모든 질문에 부지런히 답한다. 전체를 관통하는 흐름마저 시원하게 집어주니 꽉 막힌 가슴이 뻥 뚫린다. 혹시 드라마를 좋아한다면 2부에 수록된 방송통신심의위원회(이들의 평균 나이는 64세이고 아홉 명 전원이 남성이다) 회의록을 꼭 읽어보시라. 못

읽고 죽으면 억울한 글이다.

《여자의 탄생》 나임윤경 | 웅진지식하우스, 2005
《82년생 김지영》을 읽고 이 책을 읽으면 시너지가 빵빵 터진다.
김지영 씨의 인생이 왜 그렇게 됐는지가 이해될 것이다. 시몬 드
보부아르는 《제2의 성》에서 "여자는 태어나는 것이 아니라 만들
어지는 것이다"라고 일갈했지만, 대부분의 사람들은 여성이 생
애 주기의 어느 지점에서 어떻게 여자로 만들어지는지 잘 알지
못한다. 저자는 탄생, 학교, 사춘기, 사랑, 돈, 결혼, 아줌마라는 생
애 주기의 일곱 단계를 통해 부모님과 선생님이 딸을 어떻게 키
우고 가르치는지, 세상이 여성에게 무엇을 요구하는지 들여다본다.
악순환의 고리는 여기에서 끊자. 딸 키우는 아빠라면 반드시 읽
자. 애지중지 키운 내 딸이 거푸집에 들어가는 걸 원치 않는다면.

———여성의 내밀한 목소리가 들립니다
여자들하고는 대화가 안 된다고? 당신과 말이 안 통해서 입을 닫
고 있을 가능성이 크다. 이 책들을 읽고 나면 상종해줄 지도. 여
성이 일상생활에서 어떤 일들을 겪는지 담담하게 날것 그대로
풀어냈다. 세 권을 다 읽고 나면 주변의 여성들이 수도승이나 투
사로 보일지도 모른다.

《당신이 계속 불편하면 좋겠습니다》홍승은 | 동녘, 2017

'개인적인 것이 정치적인 것이다'라는 페미니즘의 구호에 꼭 맞는 책이다. 남자들은 겪을 일 없는 일상적인 차별과 편견, 폭력을 간접적으로 경험하게 해준다. 카드 내밀면 싫어하는 택시기사가 많다는 거, 이 책 읽기 전까지는 몰랐다. 주변 사람들에게 물어보니 남자는 하나같이 그런 적 없다고 하고, 여자는 하나같이 그런 적 많다고 대답했다. 비슷한 사례가 무수히 많다. 혹시 당신이 '진보 남성'이라면 4장만큼은 꼭 읽으시라. 사회적 약자의 인권을 외치면서 젠더 감수성은 꽝인 사람들, 국가 폭력에 저항하면서 자신이 가하는 폭력은 인식하지 못하는 사람들에게 성찰의 기회를 제공한다.

《지극히 사적인 페미니즘》박소현, 오빛나리, 홍혜은, 이서영 | 아토포스, 2017

프리랜서 출판편집자, 문예창작과 졸업생, 넷페미니스트, 소설가가 털어놓는 '여성으로서의' 삶을 엮은 책이다. 여성인 걸 빼면 모든 게 다른 네 사람이 같은 고민, 같은 갈등을 겪는다. 페미니즘과 결혼, 게임, 가난, 노조 활동이라는 개인의 서사가 맞물려 개념과 이론으로는 표현하기 힘든 현실이 생생하게 담겨 있다. 우리 반 남학생들은 거의 다 게임 〈오버워치〉를 해서 이 책에 무진장 흥미를 보였다. 같은 팀에 여자가 있으면 성희롱이 난무한다(98쪽)고 인정했고, 여성 캐릭터는 큰 가슴을 반쯤 내놓고 다

닌다(86쪽)는 데 동의했다. 남성 동지들에게 고한다. 〈오버워치〉
를 좋아하는 남성에게 이 책을 선물하라. 건네줄 때는 캐릭터 '한
조'의 대사를 섞어서. "보이지 않는 걸 봐라."

《거리에 선 페미니즘》 고등어 외 41인, 한국여성민우회 엮음, 권김현영 해제
| 궁리, 2016

강남역 살인사건 며칠 뒤, 신촌 거리에 마흔두 명의 자유 발언자
가 모여 여덟 시간 동안 고백했다. 그동안 대한민국에서 여성으
로 어떻게 살아왔는지, 어떻게 살아남았는지, 그 절절한 사연들
을 담은 책이다. 물 흐르는 대로 살다 보면 의도하지 않아도 '한
국 남자'가 된다. 거기까지는 당신의 잘못이 아니다. 하지만 눈감
고 귀 막는다면 그때부터는 공모자다. 나는 차별 안 해. 나는 좋
은 사람이야. 나는 달라. 그렇게 자부하는 사람이 더 무섭다. 성
찰하고 연대하자. 혹시 책을 읽었는데 '이거 너무 극단적인 사례
만 모은 것 같은데?' '이 사람이 운이 없는 거 아니야?' '내 주위에
서는 이런 얘기 안 하던데?' 이런 생각이 든다면 한말씀 드리고
싶다. 그러니까 여성들이 당신에게 얘기를 안 하는 거예요….

——여성이 느끼는 공포와 불쾌감에 대하여
성범죄 사건이 보도되면 꽃뱀부터 찾는 당신. 애꿎은 사람 가해
자로 몰면 안 된다며 피해자에게 2차, 3차 가해를 가하는 당신.

피해자의 고통과 공포에 공감하기 전에 모든 남자들이 그런 건 아니라며 잠재적 가해자로 취급될까 너무너무 기분 나쁜 당신. 현실이 어떤지 보자. 여성들이 왜 그러는지 들어보자.

《악어 프로젝트》토마 마티외, 맹슬기 옮김 | 푸른지식, 2016
2017년 상·하반기를 모두 석권한 우리 반 학급문고 대여 순위 1위다. 쉽고 의미도 있는 데다가 만화다. 일단 시작하면 끝까지 읽지 않고는 못 배긴다. 책에 나오는 성폭력 가해자는 모두 악어의 얼굴을 하고 있다. 악어는 아침부터 저녁까지, 황혼에서 새벽까지 여성을 쫓는다. 버스, 직장, 길거리, 식당, 학교, 어디서든 주위의 여성을 노린다. 적나라한 그림과 직설적인 대사가 무덤까지 숨기고픈 과거를 소환한다. "야, 내가 내 맘대로 밤에 걷지도 못하냐?" "야, 안 봐. 치마 가리지 마. 기분 나빠." 차곡차곡 쌓아 올린 그간의 헛소리와 행동이 떠올라 얼굴이 뜨거웠다. 긍정적 '이불킥'을 부르는 책이다.

《파리에서 보낸 한 시간》칼린 L. 프리드먼, 이민정 옮김 | 내인생의책, 2017
성범죄 전담 재판부에 계신 판사 나리들께 권하고픈 책이다. 대한민국에서 '솜방망이 처벌'이라는 말은 두 번 쓰인다. 피의자가 재벌일 때 한 번, 사건이 성범죄일 때 한 번. 법관님들은 대개 냉철한 이성과 날카로운 논리로 무장해 계시지만, 성범죄 앞에서

만은 유독 따뜻한 인간미와 풍부한 감수성을 아끼지 않으신다. 다채로운 감경 사유가 그것을 증명한다. 초범이라서, 술에 취해서, 앞날이 촉망되어서, 피해자와 합의해서, 진심으로 반성하고 있어서…. 성폭행이 한 사람의 인생을 얼마나 괴롭히는지, 어디까지 영향을 미치는지 몰라서 그렇다. 이 책을 읽고 나서도 그런 판결을 내릴 수 있을까.

《예민해도 괜찮아》 이은의 | 북스코프, 2016
학교에서는 초임 교사와 '학생 짱'이 붙어도 초임 교사가 이긴다. 교사의 권력이 학생의 권력을 철저하게 압도하기 때문이다. 학생의 부모가 권력자가 아닌 한 이 관계가 역전되는 경우는 남학생-여교사의 구도가 유일하다. 남성-여성의 젠더 권력이 반영된 결과다. 딸 같아서? 술기운에? 자기도 모르게? 웃기지 마라. 검사를 성추행하는 사람은 상위 직급 검사뿐이다. 성희롱 문제로 대기업과 송사를 벌이다 5년여 만에 이기고 그 회사를 나와 성범죄 전문 변호사가 된 저자의 말을 새겨듣자. 성희롱, 강제추행은 욕망 제어가 아니라 권력관계의 문제다. 강자가 약자에게 가하는 폭력이다.

───아내 폭행과 모성 감옥에 분노한다
"난 여자는 안 때려"라고 은혜를 베풀 듯 말하는 이들에게 권한다. 그거 하나도 안 멋진 말이다. 성별을 떠나 모든 생명체는 때리면 안 된다. '요즘 맞고 사는 여자가 어디 있어?' '데이트 폭력을 당하는 여자가 그렇게 많다고?' 그렇게 생각하는 당신의 무지를 이 책들이 중화해주기를.

《그 일은 전혀 사소하지 않습니다》 한국여성의전화 | 오월의봄, 2017

일베는 '삼일한'을 좋아한다. '여자와 북어는 삼 일에 한 번씩 패야 한다'는 천박한 말에서 온 조어다. 진짜 '삼일한'은 따로 있다. 한국 여성은 삼 일에 한 명씩 남편이나 남자친구의 손에 죽는다. 그런데도 남편이 아내를 때리는 일은 사적이고 사소한 문제로 취급된다. '가정 폭력'이라는 모호한 단어로 남편의 일방적 폭행을 지우는 것이 그렇고, 신고를 받고 출동한 경찰이 집안 문제라는 말에 그냥 돌아가는 것도 그렇다. 이 책은 아내 폭행 피해 여성이 직접 쓴 폭력 현장의 기록을 담고 있다. 읽다 보면 화가 나고 우울해서 온몸의 기운이 다 빠진다. 이들의 이야기가 인식과 제도와 정책을 바꿀 수 있도록 남성들도 노력하자. 그 일은 전혀 사소하지 않다.

《아주 친밀한 폭력》 정희진 | 교양인, 2016

한국 여성 대부분은 살면서 한두 번 이상 남편이나 애인에게 폭력 피해를 당한다. 2009년에서 2015년까지 남편 혹은 애인에게 살해당하거나 살해당할 위기에 놓여 기사화된 여성은 1,051명에 달한다. 당장 우리 어머니와 할머니부터 아내 폭력의 피해자다. 폭력은 인간의 육체와 정신을 모두 망가뜨린다. 때리는 데는 이유가 없다. 때릴 수 있고 때려도 되니 때린다. 그런데 나를 때린 사람이 나와 가장 가까운 사람이라면? 내가 가장 사랑하는(했던) 사람이라면? 그 모멸감과 자괴감을 어떻게 설명할 수 있을까. 아내가 남편의 소유물이 아니라는 주장은 지극히 상식적이다. 상식적인 주장을 수백 년째 목 놓아 외쳐야 하는 이 나라는 정상이 아니다.

《엄마의 탄생》 안미선, 김보성, 김향수 | 오월의봄, 2014

남자는 아빠가 되면 책임감을 느끼지만 여자는 엄마가 되면 과거와 단절된다. 조은희 씨는 나의 탄생과 함께 '승범이 엄마'로 개명됐다. 하루 종일 가사노동과 독박육아에 시달리는 낯선 삶을 살았다. 억울했지만 억울하다는 말도 제대로 못했다. 다들 그러고 살았으니까. 기혼 여성의 행복한 인생은 세심한 남편, 따뜻한 시어머니를 만나는 것만으로 보장되지 않는다. 사회가 달려들어 간섭하고 압박한다. 여성이 희생하고 포기하는 걸 당연하게 여기고 때로는 강요하기까지 한다. 어머니를 보며 느꼈던 속상함이 아내에게 반복되면 어쩌나. 내가 잘해야 하는데, 나 혼자의 힘으로 막을 수 있을까. 책을 읽는 내내 두려웠다.

《엄마됨을 후회함》 오나 도나스, 송소민 옮김 | 반니, 2016

사회가 엄마와 아빠에게 거는 기대는 하늘과 땅 차이다. 남자는 유모차 끌고 집 밖에만 나가도 좋은 아빠가 되지만, 여자는 밤새 잠 못 자고 돌봐도 애가 아프면 나쁜 엄마가 된다. 아빠 노릇 못 해 먹겠다는 말은 농담이지만, 엄마 노릇 못 해 먹겠다는 말은 금기다. 모성은 너무나 숭고하기 때문에 웬만한 고통은 입막음된다. 혹자는 '생물학적 모성이란 존재하지 않으며 모성은 사회적으로 설계된 시스템'이라고 주장한다. 이 책을 정독하고 나면 그 말에 고개를 끄덕일지도 모른다. 엄마가 되는 것이 무조건적인 축복은 아닌 이유, 어떤 사람에게는 인생을 송두리째 후회하게 만들 수도 있는 이유를 알자.

———— 성매매 좀 하지 마요, 제발

"성매매를 없애는 게 가능할 것 같아? 인류 역사상 한 번도 없어진 적이 없는 거야" "강제로 하는 것도 아닌데 뭐가 나빠? 서로 동의해서 거래하는 거잖아" 하는 당신, 성매매는 그렇게 간단한 문제가 아니다. 그러니 읽어보자. 거래의 주체는 남성과 여성이 아니며 거래되는 상품도 성이 아니라는 걸 알게 될 테니.

《너희는 봄을 사지만 우리는 겨울을 판다》(사)성매매피해여성지원센터
살림 | 삼인, 2006

탈성매매 여성 10인의 수기와 인터뷰를 엮은 책이다. 부모 될 자격이 없는 인간들이 아이를 낳았고, 때리고 방치하며 학대했다. 그런 상황에서 아이들이 어떤 선택을 할 수 있을까. 살아남으려고 가출을 했고, 그래서 방황을 했다. 의식주를 해결해야 하는 아이들에게 접근하는 어른들이 있었다. 처음엔 다들 평범한 여학생이었다. 성매매를 시작하게 된 과정은 각기 달랐지만, 결말은 모두 한결같았다. 그건 사람의 삶이 아니었다. 이들의 글에는 '솔직히'라는 부사가 수도 없이 나온다. 누구도 자신의 말에 귀를 기울이지 않으리라는 불안이 밀어낸 말일 것이다. 저자들은 과거의 상처를 그대로 증언하면서 우리 사회를 고발하고 자기 자신을 치유하려 애쓴다. 경험하지 못한 타인의 삶을 함부로 재단하는 것이 얼마나 어리석은 짓인지, 이 책을 읽고 나면 겸허해진다. 남자들이여, 성매매하지 맙시다.

《언니, 같이 가재》안미선 | 삼인, 2016

성매매 방지법이 제정되고 14년이 지났다. 뜨겁던 사회적 관심이 식는 사이 성매매는 더 교묘하게 진화하여 사회 곳곳에 자리 잡았다. 성매매 여성들이 실제로 어떤 상황에 처해 있는지 잘 모르는 사람들에게 그들은 '쉽게 돈 버는' 이미지로 각인되었다. 이 책은 오랫동안 현장에서 성매매 피해 여성들을 지원해온 활동가

13인을 인터뷰한 생생한 르포다. 이들은 성매매 집결지를 폐쇄하기 위해 싸우고 성매매 피해 여성의 자립과 성장을 위해 애쓴다. 성매매는 남성 문화의 문제에서 지역 경제의 문제로까지 꽤나 복잡다단하게 여겨질 수 있지만, 남성 개개인이 마음먹기에 따라 단숨에 없앨 수 있는 문제이기도 하다. 그러니까, 성매매하지 맙시다.

《축하해》 박금선 | 샨티, 2008

성매매 업소를 나와 자립과 자활의 길을 걷는 여성들이 십대 소녀소년들에게 가슴속 이야기를 들려주는 책이다. 읽기 전에 세 가지를 유념하자. 다르다고 생각 말고, 뭉뚱그려 생각 말 것. 한 명의 존엄한 인간이 기구한 운명 속에서, 혼자 힘으로는 어찌할 수 없는 흐름 속에서 떠밀려왔다는 것. 거래의 주체는 남성과 여성이 아니라 구매자 남성과 포주 남성이며, 거래의 대상은 성이 아니라 여성의 육체라는 것. 성범죄에는 분노하면서 성매매 업소에는 드나드는 남성들이 읽으면 좋겠다. 아동 청소년에게 성매수를 시도하는 남성들을 인터뷰한 닷페이스의 영상 "'교복 챙겨 왔어?'라고 묻는 성매수자들을 만났다(https://youtu.be/KZ-TEhC-HfEg)"와 함께 보면 더 좋다.

────남성성의 기원과 민낯을 찾아서

우리 솔직해지자. 평생 다시 보고 싶지 않은 인간들, 짜증 나게 하는 인간들 얼굴을 하나하나 떠올려보자. 남자가 많은가, 여자가 많은가? 남자들이 왜 이렇게 됐는지 궁금하지 않은가?

《그 남자는 왜 이상해졌을까?》 오찬호 지음 | 동양북스, 2016

내 주위에는 이상한 남자들이 너무 많다. 당신은 어떤가? 신문의 사회면을 장식하는 건 대부분 남자들이고, 남과 싸우고 민폐를 끼치는 것도 거의 다 남자들이다. 반말부터 던지고 보는 '아재'들의 심리는 뭘까? 형-동생, 선배-후배로 정리되지 않은 관계가 어색한 이유는? 저자는 경쾌하고 위트 있는 문체로 답을 준다. 나는 이 책을 읽다가 고개를 너무 많이 끄덕여 거북목이 될 뻔했다. 군대 생각만 하면 이가 갈리지만, 누가 군생활을 폄하하면 도저히 참을 수 없는 모순적인 감정을 느끼는 사람들은 꼭 읽자. 군대와 남성 문화의 관계를 설명하는 데 많은 지면을 할애한 것도 이 책의 장점이다.

《맨박스》 토니 포터, 김영진 옮김 | 한빛비즈, 2016

친구의 네 살짜리 아들이 넘어졌다. 피를 보더니 울기 시작했다. 뒤따르던 친구가 말했다. "○○아, 남자는 그런 일로 우는 거 아냐." 여덟 살 사촌 동생이 일곱 살 여동생에게 말했다. "○○아, 이건 너 가져. 오빠는 남자니까 괜찮아." 두 살 많은 남교사는 어느 날 나한테 섭섭하다고 했다. 술을 안 마시니 친해질 수가 없다고. "그럼 같이 카페 갈까요?" 했더니 "뭐야, 여자들같이"라는 답이 돌아왔다. 대한민국 남자들의 맨박스는 티타늄급이다. 우주왕복선 밑바닥에 발라서 대기권 진입 때 쓰면 그만이다. 남자가 쩨쩨하게, 남자가 소심하게, 남자가 진득한 맛이 있어야지, 이런 말 들어서 행복한가? 아니라면 바꿔보자. 바꿔보려면 읽자.

《여혐, 여자가 뭘 어쨌다고》 서민 | 다시봄, 2017

① 여성혐오, 미러링 둘 다 나빠요. 서로 사이좋게 지내요. ② 여성혐오요? 제가 여자를 얼마나 좋아하는데요. ③ 여자도 여성혐오를 한다고요? 웃기시네. 셋 중 하나라도 고개를 끄덕였다면 이 책을 읽자. 두 번 읽자. 인터넷에 차고 넘치는 남성들의 편견을 조목조목 근거를 들어 반박하는 책이다. 통계와 문헌이 가득 인용되어 있지만 눈에 거슬리지 않고 오히려 든든한 무기 같은 느낌을 준다. 평소 과묵한 남자가 되는 것이 꿈이었던 남자들에게 권한다. 한국에서는 '아무 말'만 안 해도 중간은 갈 수 있는데 이 책은 그 방면에서 특효약이다. 실제 댓글이 많이 첨부된 책이니 두근두근한 가슴으로 열어보자. 내가 쓴 댓글은 없는지 찾아보는 재미가 있다.

―――페미니즘에 푹 빠져보려는 당신

페미니즘 초급자가 읽기 좋은 대중서, 페미니즘을 제대로 공부할 수 있는 교과서가 될 만한 책을 추렸다. 긴 호흡으로 천천히, 꼼꼼하게 보면 좋은 책들이다. 고르고 보니 한국, 일본, 미국 책이 하나씩이다. 한미일 공조도 이런 데서 하는 건 괜찮다.

《페미니즘의 도전》 정희진 | 교양인, 2013

'한국의 페미니즘 교과서'라 평가받는 책으로 대학의 글쓰기 수업이나 토론 수업의 교재로도 널리 쓰이고 있다. 대표적 남성 페미니스트인 서민 교수는 이 책이 자신을 페미니즘의 세계로 끌어들였다고 밝혔다. 나도 그렇다. 인생에 가장 큰 영향을 미친 책을 한 권 꼽으라면 이 책을 꼽을 것이다. 한 문장 한 문장 씹어 먹듯 읽어보자. 완독하면 시야가 확장되고 지적 역량이 꽃피리라 확신한다. 엑스밴드 레이더보다 성능 좋은 차별 감지 레이더를 장착하게 됨은 물론이다. 페미니즘 스터디를 고민하는 남성들이여, 묻지도 따지지도 말고 이 책이다.

《여성 혐오를 혐오한다》 우에노 지즈코, 나일등 옮김 | 은행나무, 2012

중세 남성들은 여성에게 영혼이 없다고 믿었다. 근대 남성들은 여성에게 투표권이 없는 게 당연하다고 생각했다. 수백 년 뒤에 보면 말도 안 되는 편견으로 취급될 현대의 사고방식은 없을까? 일본에서 나온 책이지만 한국인이 공감하기 쉬운 내용이 많다.

'위안부'를 분석하는 다각적 방식, 성매매가 작동하는 원리, 아들과 딸에게 기대되는 다른 역할 등 우에노 지즈코는 여러 예시와 근거를 메스 삼아 환부를 찌른다. 문제 해결은 문제를 인식하는 것에서 출발한다. 아무리 불편해도 눈을 돌리면 안 되는 현실이 있다. 먼저 알자. 그리고 바꾸자.

《나쁜 페미니스트》 록산 게이, 노지양 옮김 | 사이행성, 2016
자신을 페미니스트라고 밝히는 것은 커밍아웃에 가깝다. 결점을 찾아내려고 눈에 불을 켜고 달려드는 이들이 생기기 때문이다. 차별과 불평등을 지적하는 예민함보다 예민함을 지적하는 예민함이 훨씬 너그럽게 허용된다. 전자는 약자와 소수자의 예민함이지만 후자는 기득권의 예민함이기 때문이다. 저자는 흑인이고 여성이며 이민자 가정에서 자랐다. 그는 시원하게 선언한다. 나 페미니스트인데 완벽하진 않으니까 나쁜 페미니스트 할게. 그리고 세상의 모순과 부조리를 기민하게 포착하고 폭로한다. 여성의 인권이 회복되었다고 생각하는 사람들이 많지만, 세상은 여전히 더 바뀌어야 한다는 것을 여실히 보여주는 책이다.

——— 모름지기 공부란 앎을 넓히는 것
'페미니즘 말고 휴머니즘'이 아니라 '페미니즘이 바로 휴머니즘'이라고 증명하는 책들이다. 멀리 보고 깊게 생각할 여지를 준다.

여성이 살기 좋은 세상에서는 아이도, 장애인도, 노인도, 동물도 살기 좋다. 다 같이 잘 살려고 공동체를 이룬 거잖아요, 우리?

《그럼에도, 페미니즘》 윤보라 외 11인 | 은행나무, 2017

'골치 아픈 페미니즘이 왜 어디에나 필요하다는 거지?' 그런 질문을 하고 있다면 이 책이 좋다. 경제학 교수, 신문 기자, 정치인 등 각 분야의 전문가로 구성된 12인의 저자가 우리 삶의 다양한 국면에서 페미니즘의 쓸모를 묻는다. 연인 간 데이트 폭력도, 남성 역차별 담론의 주요 근거인 병역도, 노동 현장의 임금 격차도, 갈등을 조정하고 자원을 배분하는 의회도 페미니즘의 눈으로 읽을 수 있다. 익숙한 것을 의심하고 질문을 던져 세계를 새롭게 인식하자는 페미니즘. 그 깃발 아래 모인 이 열두 명의 이야기가 과연 여성에게만 좋은 세상을 만들자는 걸까?

《한국 남성을 분석한다》 권김현영, 루인, 엄기호, 정희진, 준우, 한채윤 | 교양인, 2017

한국에서 남성으로 살면서 이 책을 읽지 않는다는 건 짬뽕을 먹으면서 국물을 마시지 않는 것과 같다. 완독하기 힘든 책일수록 도전 정신이 꿈틀거리는 게 인지상정. 남성으로 수십 년을 살아오면서도 미처 몰랐던 남성성의 뿌리를 여섯 명의 저자들이 찾아준다. 마지막 장을 덮는 순간, 유전자 지도의 비밀이나 출생의 비밀을 알게 된 것 같은 쾌감이 밀려올 것이다. 페미니즘은 남자한테도 좋은 거라는 말, 그거 진짜다.

《양성평등에 반대한다》 권김현영, 루인, 류진희, 정희진, 한채윤 | 교양인,
2016

많은 사람들이 페미니즘을 남성 대 여성이라는 대립 구도로 이
해한다. 이 경우 페미니즘은 한정된 자원을 놓고 싸우는 제로섬
게임이다. 어떤 사람들은 남성을 기준점으로 상정한 뒤 여성의
인권을 그만큼 끌어올려야 한다고 주장한다. 이 경우 페미니즘
은 강대국을 따라잡기 위한 약소국의 발전 전략과 유사해진다.
둘 중 어느 쪽이라도 성소수자의 존재는 깨끗하게 지워진다. 이
책은 이분법적 젠더 규범을 뛰어넘는 분석과 대안을 제시하고,
새로운 사회로 이행할 것을 제안한다. 공연음란죄, 미성년자 의
제강간, 메갈리아 미러링, 동성애 혐오 등 한국 사회에서 가장 첨
예한 젠더 이슈를 논의의 테이블에 올렸다.《나쁜 페미니스트》처
럼 제목에 낚여서라도 읽는 사람이 많으면 좋겠다.

이 책을 후원해주신 분들

가망무 가을 가인 갓챠 강나라 강다영 강릉청년공동체나루 강마리 강와와
강민 강민정 강민주 강민혁 강보미 강성찬 강세희 강소영so,young 강수아
강수진 강슬기 강예희 강우림 강윤정 강은빈 강은실 강은영 강주리 강쥐
강지오 강지원 강지은 강지현 강하림 강하연 강하은 강효원 개구리 개룡
건짱헤짱 겨니 경규 경하 고 고구마랑 감자 고구미 고동휘 고민성 고삼도끝
고은 고재쌤 고주영 고하늘 곰돌이푸우ㅎ 공전 곽예인 곽은지 곽지희
곽찬양 곽현욱 관동대학교 국어교육과 학생 중 누군가 관석 교운 구사 구자현
군만두 궈네딘 권경희 권다운 권민주 권사랑 권새힘 권수현 권애진 권예슬
권오경 권오균 권용석 권윤지 권장미 권혁률 권혜연 권혜인 권혜지 규희
그니 그대로있어도돼 그레이스 극미세기술 근화 글라라 금실 기경민 기마흔
기면수 기현 김가람 김가영 김건형 김경민 김경숙 김경연 김경은 김경진
김경태 김경하 김경혜 김관우 김기석 김기성 김기현 김김 김김 김김주연
김나윤 김나화 김나희 김남희 김너울 김늚 김다솔 김다원 김다하비 김대관
김대성 김도연 김도우 김동완 김동오 김동은 김동준 김동효 김돌배 김랄츄
김리향 김무년 김문영 김민경 김민경 김민경 김민봉 김민성 김민수 김민수
김민아 김민영 김민정 김민정 김민희 김바름 김범수 김범우 김병준 김병희
김보경 김보미 김보민 김복자 김상현 김상화 김샛별 김서원 김서진 김석민
김선우 김선후 김성균 김성부 김세은 김세이 김세진 김셩 김소래 김소연
김소연 김소희 김수련 김수민(시로) 김수빈 김수연 김수현 김슬기(딸기)
김슬아 김승연 김승우 김시연 김애진 김연웅 김연지 김영빈 김영선 김영아
김영지 김예린 김예린 김예린 김예빈 김예솔 김예슬 김예주경민 김예지
金藝眞 김완연 김용선 김우경 김우연 – neosilly1 김우주먼지 김우준 김원겸
김원정 김유라 김유미 김유민 김유정 김윤진 김윤슬 김윤아
김윤영 김윤일 김윤호 김은석 김은영 김은우 김은지 김은혜
김은혜(1995.01.02.) 김인건 김인겹 김인수 김인옥 김재겸 김재식 김재인
김정근 김정민 김정원 김정진 김정현 김종철 김종헌 김주영 김주혁 김주현
김주희 김준기 김준철 김지민 김지수 김지아 김지연 김지영 김지용 김지원
김지윤 김지현&김민준 김지혜 김진아 김진영 김진우 김진주 김진형 김찬민
김채린 김채린 김채림 김채영 김채은 김코지 김태완 김태훈 김테드 김파워
김하연 김하종 김한솔 김한슬 김해림 김현 김현준 김형경
김형서와함께읽을최정희 김형준 김혜란 김혜랑 김혜빈 김홍주
김효정 김효정 김희수 김희연 김희진 까란 꼬마 꼬부기 꽃순 꾸찌까조
꾸망 꾸역꾸역 꾹 끼묘 끼순양 낌유진 나경희 나는나 나무와흙 나비사슴
나영 나이써 나익수 나정수 나희연 남수빈 남지 남혜민 남희주 내공하이
내일은맑음76우림2 냥냥이 냥이 노노바니밤_츄깽 노엘라 노예진 노자두
노주형 노채연 노하은 노효정 녹색벽지 녹차라떼 누그 누누♡무무 눈에별
늄뉴 느챠 늘봄 다안 다야 다영 다비 단우엄마로로 달무지개 달빛청년
담비 담이 당근 더불어숲 데이지 제조로 떤디 도건 도경민 도나 도나
도로리 도은아 도토리에게♥ 동굴탐험 동동이 동원참치 됴비 두떤
둠둠칫 둠둠칫 드립COFFEE 디디는 깜찍해).0 디제이판다 딜레탕트 딩이
떡국 또오치 똥요니 띠용 라용 라유림 라이렌 란 랑랑이 레메디오 렉싱턴
루 루피나 룩 류상범 류시명 류지민 류현지 류혜선 르네 름름 름솜

리미네 링컨지수 ㅁㅇㅇ씨 마그 마리모 마음씨 마주희 마징가 망아지
맥스쿠 멍멍이와 예지 메갈 메인 명성현 명소희 명준서 명지현 모두 모모
목이짱 몬딩 몰리마미 **용** 무녁 무뚝뚝한 메로나 무무 문근보 문서ㅍ
문성수 문정흔 문주와 문상 문주한 문태양 문혜진 문화기획달 물고기 뮤뮤
미녕녕 미늉 미소 미스터식스를 위한 민무숙 민선 민아진 민영창제 민정
민주 민주 민지 민지 민지은 민지형 민해 밍&징 밍글 밍크이 바다해 바람
박가영 박경란 박광석 박나현 박다해 박단비 박대순 박동엽♡조유선 박명연
박문영 박미정 박병익 박보람 박보배 박상은 박상현 박서우 박선민 박성준
박성진 박성하 박성현 박세석의 연인 김나율 박세웅 박소복 박소연 박소연
박소연 박소영 박소현 박솔 박송이 박수영 박수영 박수정 박수환 박시은
박안나 박양희 박연수@makeit_moment 박연이 박영준 박영준 박영혜
박예지 박오화 박유라 박유진 박은별 박은빈외오수부인들 박은해 박인옥
박재철 박정은 박조건형 박주영 박주현 박주호 박준경 박준규 박준성
박지영 박지운 박지원 박지현 박지훈 박진리 박진솔 박진휘 박찬주 박채원
박채희 박태양 박현아 박현영 박현정 박혜리 박혜리 박희수 박희순 반달
반재윤 밤별 밤비, 우리사슴 방혜리 배꽃와플 박세은 배류진 배성우 배수연
배윤 배준현 배찌나 배효성 배희열 배희원 백륜화 백민아 백세호 백송이
백유림 백인경 백지연 백지은 백하헬 범끼 베로 벤 벤스 변수민 변최선
별렛 별명 별별 보람 복둥아 봉림대군 부부 부영 불고기벅 불곰맛감귤
불한당원 김동현 비둘기안녀현 비아양카 빈맛 빠 ㅅㄹ 사랑하는 백도에게
사랑하는 석범이에게 사슴 끊은 아기코끼리 새미&민석 샛별 서경은 서다영
서다원 서동애 서모찌 서미래 서수민 서연 서영인 서윤 서윤후 서재윤
서정 서지선 서현 서효정 선댕 선생하선율 선현빈 설레임 성기원 성리예쁨
성연창 성지영 성효제 세염 소금 소년 소민, 현준 소빙구&태빙구 소우언경
소정소정 소주휘 소짱 소피랑더기 소효 손나연 손도화 손범희 손성은
손수빈 손수원 손원범 손유진 손유진 손창용 손한길 손형선 솔트 솔티
솟으리 송가을 송경은 송다라 송세준 송수정 송영은 송예지 송유섭 송유섭
송유중 송종원 송하민 송하언 송현민 송현준 수미 수비와 진비 수빈 수쁜찡
수애 수완 수인 수현민규 순이츠 순이츠 숨눈 쉬움 슬구 슬치 슴메
승환새onb 시레나미아 시크릿 신가희 신남희 신다현 신동선 신보영 신수진
신영선 신영지 신예찬 신장훈 신재환 신조준한 신주희 신지연 신지유
신포니 신한슬 신현정 신혜인 신호승 신희원 심나윤 심미송 심지영 심지하
썬n밥팅 쏘n밥팅 씨앗문화예술협동조합 씰론 ㅇㅇ ㅇㅇㅇ ㅇㅇㅈ ㅇㅈ
아그녜스 아니시아 아델라 아마도책방 아빠 딸 재이 아트키 아현 안가영 그
리고 규혁군 안경진 안나 안누리 안다경 안민우 안삼공 안성민 안준호 안
지민 안지민 안지혜와 이정훈 안평 안희종 앉으나서나양선아 알게뭐임 알짬
알찬열매 압구정검 인권동아리 '불렛' 앙꼬 앙영 애플트리 야옹이 양다솜
양새롬 양성은 양세윤 양소현 양시은 양윤서 양윤정 양은비 양지원 양지혜
양한솔 양희진 양희주 어린 어수진 언주 엄마재또흙먹어 엄보영 엄혜영
엘라 엘사 여운 여자가미래다 여자친구 여장천 여제경 여지윤 여환수
여환수 연두 연혜진 영선 영영 영원한 이방인 영장류의밤 영채 영튜 에니
예린 예림 예압 예은 예은꾸 예지 오강민 오경수 오경은 오늘 오밀
오소리꾼 오수영 오수인 오슬향 오예빈 오예지 오우트주리 오유빈 오유진
오주희 오지윤 오한승 오희정 옥연주 온새 온솔 옹기종기 옹옹 와난좀짱
왕수정 왕지 요다 요명듀 요셉 요지경 우공 우리 모두 힘내요 우보영
우수수수 우윤슬 우정화 우제 우지영 우채연 웅 웅이 워니 원뿔원 원성준

원승연 원주가. 원찌 유권준 유다성 유르이프 유리아 유민정 유밍 유빈
유송 유수진 유연지 유영주 유영주 유예솔 유월 유일한 유재 유재헌
유정수(1989.07.03.) 유초희 유하은 유한나 유한빈 유호아빠 유희서 육용이
윤다빈 윤달才 윤미소 윤상미 윤서화 윤선미 윤선민문 윤수진 윤승민
윤시호 윤예림0217 윤예본 윤은지 윤은진 윤이와 형이 윤재연 윤정원
윤정은 윤지수 윤지현 윤효정 율라 율다훈 융준 으나찡 은달 은별 은별
은빵 은서 은죠이 은주&정훈 은지 은지♡성철 은진 은채 응봄 이가람
이가영 이가현 이경 이경진 이경화 이규ée 이나라 이나연 이나영 이다빈
이다양 이다현X이성än 이동욱 이동은 이동은 이디 이라라 이로사 이로운
이루카 이마로 이명훈 이문경 이민겸 이민경 이민섭 이민형 이발 이보나
이보미 이산하 이상미 이서현 이서희 이선영 이선우 이선혜 이설 이성인
이세 이세영 이세인 이소라 이소민 이소민94 이소영 이소진 이소현 이수
이수빈 이수연 이수연 이수정 이수지 이수진 이숙영 이승아 이승찬 이승헌
이승현 이승호 이시연 이시원 이시은 이신명 이아랑 이안호범 이애진
이엘림 이여진 이연규 이영경 이영솔 이영인 이영인 이예림(KYLINA) 이예지
이예진 이오 이온 이용석 이용성 이우혁 이웃집도도로 이원재 이유림
이유림 이유정 이유정 이유진 이유진 이유진 이윤지 이윤희 이은선 이은정
이은진 이재은 이재진 이재진 이재호 이정규 이정민 이정옥 이정은 이정은
이정현비비안 이정호 이종영 이주행 이주형 이지 이지민 이지선(판다)
이지수 이지영 이지예 이지예 이지현 이지현 이지호(이화미디어고등학교)
이진선 이진선 이찬행 이찬희 이채은 이채è910517 이하나 이하림 이하정
이하제 이학생 이현두 이현민 이현지 이현지 이혜경 이혜경 이혜리 이혜림
이혜연 이혜원 이혜주 이혜현 이헨 이호정 이환희 이효린 이효석 이후경
이희준 익형 일렌 임대빈 임세호 임소담 임소연 임수아 임영경 임영학
임유빈 임유진 임유진 임윤정 임이랑 임정민 임지선 임지엽 임지영 임지윤
임혁정 임현종 임혜빈 임희정 자홍 작은꼬리 장동엽 장수진 장순 장우찬
장우현 장은별 장재로프 장주은 장채원 장호정 장희재 재영 저그토끼
전민규 전보경 전새미 전서연 전설민 전성은 전성은 전아빈 전여옥 전여진
전영선 전자연 전진숙명 전혜린 전혜은 정가울 정나래 정다은 정다nieg
정명진 정문기 정미빈 정민경 정민교 정민이님 정민채 정민희 정상혁
정새연 정서준 정세라 정세이 정수민 정수진 정숙병학 정숙진 정아영
정언수 정연수 정영권 정예design 정예진 정예진 정옥다예 정요한 정우준
정유리 정유빈 정유주 정윤 정윤종일 정은석 정은재 정은화 정음중정준혁
정의선 정이새별 정이예슬 정재헌 정재훈 정지우 정지윤 정진새 정치훈
정해인 정현지 정현진 정현철 정혜영 정효선 정희 제주 전 제제 조금영
조민국 조민규 조새봄 조서영 조선 조성지 조소연 조수민 조수아 조수현
조아라 조아라 조어진 조어니 조예민 조예슬 조운영 조유리 조윤주 조은비
조은산 조은숙 조장식&조용준 조찬연 조해인 조현웅 조혜인 조효진 주
주바다 주연이가 아빠에게 주원맘지영 주콩이 주한별 준 준희 준 지겐
지니수 지로 지상규 지성 지수 지영파쿠 지우진 지원과 정철 지유 지윤
지주수녕 지현 지현탁 지효니 진 A 진미토 진세희 진우 진천소현이 짐뽕
ㅉㅇ 쫑티 쭈니 찌니핸섭 찌랭이 찡찡이 차범진 차혜인 채어닝 채예린
채율 채현 책방 달리, 봄 책소유 책읽는곰 처제님 천기덕 천재 첫눈이
청설모 청오하 청크 청하 초롱 최계영 최규석 최규진 최김가람 최김한울
최김해밀 최다미 최다은 최묘경 최민영 최선규 최선아 최소미 최소연
최소희 최수빈 최수빈 숨:) 최수진 최순재 최슬픔 최연이 최연정 최영우

최웅렬 최유성 최유정 최유진 최윤정 최은경 최인화 최재희 최정민
최정원 최정인 최종원 최종희 최주희 최지선 최지수 최지우 최지운
최진석 최현정 최현지 최혜진 최희수 쵸핏 추수아 춘천사랑 치달과 숭늉
ㅋㄹ 캔디 케르디오 케이크먹자 코니 코니 우디 큐로스 쿳 크롬 큰곰새
키큐 태리 태훈 테오 토끼 토끼와 멍멍이 토란 특성화고 노동자 강호근
파도(한상윤) 파베(태현) 파인 파피용ㅎㅎ 팝코니아 페미씨어터 펭구 편도혁
포룬 폰데라이온 푸르토끼 하가영 하고운 하나 하낫 하늘 하도연 하림
하마야형왔다 하민영 하병로 하영 하은 하은과 윤경 하정민 하지현 하헌준
한국다양성연구소 한국화 한니 한보미 한사람 한서연 한성주 한세희
한솔방울 한연수 한예셀 한윤민 한이원 한이형 한지아 한지원 한지혜
한혜영 함경식 함지언 함св식 해달 해향 행복 행숙이 허늪크 허수진 허웅
허유정 허윤정 허정연 허정인 허지원 허철범 현 현군 현─비 현성은
현수진 현정 현지연 현지은 현지희 호잇 홈워즈 홍 홍민선 홍민지 홍서경
홍선녀 홍성빈 홍성화 홍수민♥ 홍승은 홍영미 홍유진 홍준영 홍지연
홍채은 황금명륜 황대대 황동현(䀖) 황성현 황승연 황윤정 황은희 황주화
황준호 황지성 황지영 황찬미 황채은 황퐝지 효명_941128 효돌 효진
후원자 휘아 홈터레스팅 흡챠흡챠 희빈맘 희진 · · _kimseonu 01080
11H2ESU4 12013 12월의 무화과 〈오다영〉 2001**** 21 24601 2익 316
3인의 왕따 中 엄모(대학생. 25. 남)씨 652**** 7월의별 8에니 95봄
A dream we dream together is reality A.아우름 A4RIL AENa Ahn Aegyeong
alaal Alice CH Rin Altria Pendragon Amy aSeen AUTUMN.U Avianflap
azurecat B&B B.H. BELSE beyond Bud BUMKEY CHOI choreng2 claire
Crazy Diamond D4 dasanmania Dear Delli dilettante DJNEWP dldm**** ds
dustn**** dydg**** Edikimday ellen endtlzhrl eun**** EUNBI PARK
Eunho Lee eunkyung**** Freesia Freya from**** fz**** gangok GauDa
Genie graphittie Habuzz Haein Erin Lee Hannah B happy612 happyday****
Harry S. Jo Hazzzys he**** Hee Won Lee HEEwaRAE hello heyjin0****
Hi Feminism HJ hurb**** Hwa Song hyeah Hyen hyeri**** Hyeshin Yoon
Hyun Cheol Moon Hyun Yeon Jin i42**** iiae inno**** ionrabit J j**** j7
Jack_TR_ jardin Jeeno JEJE Jenna jeongwon_b Jinee Oh jinne&junee
jiyoungmoon JM HONG joo JS jsh**** jsjyw8322 JUDE Juliana Slki
Kacel Kim Kang Dong Su KEI KEON KEY118 kjh**** kmh4649**** KONAJI
Kuma Watson KUP Kyungho Lee labyrin**** lchchy lim**** Lina LYE
Mat MCH memory miel milkshake Morgan choi moxnix muse myEuro
M이 N에게 Naeun Yoon Nanan nic**** niceja**** Nootown_funk nox****
O3O Ode To Sleep Olaf.SungMin ozo Pa.je palette Park Krystal paxmea
PEPPER Pietro.Kim pla**** pn**** potatotototo_ qk1212 qmffnqpd**** RBZ
rheorm**** rp**** RUBIN S Samuel Kim SAYH Scarf Choi sdgk Sean
Seo Woon Kim SETI seul92 shlp**** Sister An SJY SL.Y smith
Sookyeon Hailey Shin sooni**** Speak loud StageKY strongyr Sua Kim
suavejin Subi Park suep**** Sun SUN.JJ sunits2 SUPERBEAR Support Girls
swift tae3**** TAEIM tamra**** thddydw**** tndls**** tngusdl****
TONEEOM twojay TWP uculele ULSAN.HAM Uzin Verbena.Park w_Ein
watersiswet wd We should all be feminists. Whatiwannado Woatn.godiwl
WW X Y Y.HyKg ye YeJJang0105 yello**** yes_all_ yessy yezzzitopia
YGS YJJM yoon**** yoosh yours zl**** Zooey

저는 남자고, 페미니스트입니다

1판 1쇄 펴냄 | 2018년 4월 13일
1판 15쇄 펴냄 | 2022년 5월 20일

지은이 | 최승범
발행인 | 김병준
발행처 | 생각의힘

등록 | 2011. 10. 27. 제406-2011-000127호
주소 | 서울시 마포구 독막로6길 11, 우대빌딩 2, 3층
전화 | 02-6925-4183(편집), 02-6925-4188(영업)
팩스 | 02-6925-4182
전자우편 | tpbook1@tpbook.co.kr
홈페이지 | www.tpbook.co.kr

ISBN 979-11-85585-50-5 03330

이 도서의 국립중앙도서관 출판예정도서목록(CIP)은
서지정보유통지원시스템 홈페이지(http://seoji.nl.go.kr)와
국가자료종합목록시스템(http://kolis-net.nl.go.kr)에서
이용하실 수 있습니다.(CIP제어번호: CIP 2018008483)